江西财经大学资助

增加值贸易视角下
中国服务贸易
发展研究

现状、机制和路径

裘莹 ◎ 著

RESEARCH ON THE DEVELOPMENT OF
CHINA'S TRADE IN SERVICES UNDER THE MEASUREMENTS OF
TRADE IN VALUE-ADDED:
Situation, Mechanism and Route

中国财经出版传媒集团
经济科学出版社
Economic Science Press

图书在版编目（CIP）数据

增加值贸易视角下中国服务贸易发展研究：现状、
机制与路径/裘莹著. —北京：经济科学出版社，
2018. 11
ISBN 978 - 7 - 5218 - 0008 - 1

Ⅰ. ①增…　Ⅱ. ①裘…　Ⅲ. ①服务贸易 - 贸易发展 -
研究 - 中国　Ⅳ. ①F752. 68

中国版本图书馆 CIP 数据核字（2018）第 271832 号

责任编辑：谭志军　李　军
责任校对：王苗苗
责任印制：王世伟

增加值贸易视角下中国服务贸易发展研究：现状、机制与路径
裘　莹　著
经济科学出版社出版、发行　新华书店经销
社址：北京市海淀区阜成路甲 28 号　邮编：100142
总编部电话：010 - 88191217　发行部电话：010 - 88191522
网址：www. esp. com. cn
电子邮箱：esp@ esp. com. cn
天猫网店：经济科学出版社旗舰店
网址：http://jjkxcbs. tmall. com
北京财经印刷厂印装
710 × 1000　16 开　11.5 印张　170000 字
2018 年 11 月第 1 版　2018 年 11 月第 1 次印刷
ISBN 978 - 7 - 5218 - 0008 - 1　定价：46.00 元
（图书出现印装问题，本社负责调换。电话：010 - 88191510）
（版权所有　侵权必究　举报电话：010 - 88191661
电子邮箱：dbts@ esp. com. cn）

前　言

新全球化时代，全球价值链日渐区域化，"一带一路"下全球价值链出现新的变化趋势。我国服务贸易也面临从产业关联促进国内相关产业的价值链升级。在"一带一路"的顶层设计框架中，打造国内运输干线对接"六廊六路"的基础设施网络，形成贸易—投资"双环流"，通过产业前后向关联重塑国内高质量中间投入品供应链，构建法律、机构能力、贸易政策在内的政策体系，将强化以我国为中心的区域价值链，实现价值链跃升和经济可持续发展。本书内容主要包括以下几个部分：

第一章为绪论。本章主要包括本书研究背景、研究意义、研究内容与方法、研究目标、主要创新与不足之处等内容，并且对近期相关国内外文献进行整理和综述。

第二章为增加值贸易视角下服务贸易发展的理论机制。本章首先介绍了服务贸易定义下的四种提供方式及其发展趋势。其次，梳理了服务贸易发展的理论机制，包括成本效应、选择效应、竞争效应和网络效应。再次，归纳服务贸易与上下游产业之间的关联效应，最后，分别从增加值前向分解、最终产品后向分解和总贸易额分解三个方面介绍了增加值贸易测算框架，并阐述了增加值贸易分解框架下的价值链长度、参与度和位置指数。

第三章为中国服务贸易总额贸易现状及问题。本章通过对总额贸易度量方法下中国服务贸易总体情况、出口、进口与差额进行全面分析，并采用定量方法测量中国服务贸易的国际化程度。将中国服务贸易发展中面临的问题归纳如下：开放度不够，服务贸易国际市场定位不清晰，技术附加值低，与关联产业协调性较弱，内需滞后与高级人才匮乏。

第四章为增加值贸易下中国服务贸易发展现状分析。本章基于增加值贸易分解框架，利用 WIOD（2016）数据库 2000～2014 年的数据对我国生产性服务业进行特征分析。最终得出以下几点结论：（1）复杂的价值链是生产性服务业全球化的最重要推动力。（2）我国生产性服务业价值链和贸易活动日益分散，参与跨境生产分工的程度加深。（3）我国生产性服务业正往全球价值链上游移动。（4）价值链参与度中变化最明显的就是技术和商务服务业。

第五章为中国服务贸易对价值链影响实证研究。本章从生产性服务的有限贸易性出发，采取价值链长度指数和邻近性指标分别度量生产性服务的邻近约束，使用 WIOD 2016 国际投入产出表建立分层线性模型，得到如下结论：（1）生产性服务总体上对下游产业价值链升级具有显著的倒"U"型影响；（2）邻近约束对生产性服务的非线性作用具有显著影响；（3）非"一带一路"国家相比"一带一路"国家而言，倒"U"型顶点向右偏移，说明收入提升能够推迟生产性服务对价值链升级的负面影响。

第六章为浙江省服务贸易促进货物贸易结构升级案例与实证分析。本章从贸易结构视角出发，借鉴了浙江省实现货物贸易与服务贸易双顺差的先进经验，采用面板向量自回归模型（PVAR 模型）和脉冲反应函数对浙江省 1997～2010 年投入产出表中的出口贸易面板数据进行分析，发现巩固货物贸易比较优势、大力拓展生产性服务贸易与迅速发展新业态是实现中国货物贸易与服务贸易结构双优化的关键路径。得到如下结论：（1）扩大对生产性服务贸易中的技术部门投资，最大限度发挥规模递增效应；（2）有效发挥生产性服务贸易中的基础服务部门与基础设施部门的协调与外溢作用；（3）充分利用巨额货物贸易市场培育新业态。

第七章为促进中国服务贸易实现价值链升级的政策建议。首先，提出依托"一带一路"倡议布局拓展服务贸易市场，包括精准定位"一带一路"重点突破区域；重点关注"一带一路"节点城市，打通整体链条交通枢纽；促进"一带一路"沿线国家服务贸易自由化发展。其次，加快中国服务贸易发展的路径选择，包括大力拓展生产性服务贸易；发展服务贸易新业态；促进消费结构升级；鼓励高端研发；完善人力资本培养和引进机制。最后，根据"浙江经验"提出推动我国服务贸易与货物贸易协调发展的策略，包括构建民企国际化体制机制，充分发挥生产性服务的公共物品功能，以"互联网＋"服务新业态为契机成为下一轮国际经贸规则的引领国。

笔者感谢以下研究者共同参与本书的撰写与完善，于立新教授负责把控整体框架和指导完善，第三章由李勇博士参与撰写，第四章由研究生李倩参与撰写，第五章由研究生孙博参与撰写。在此对他们的辛勤付出给予诚挚的谢意！

裴 莹

2018 年 10 月

目　录

第一章 绪论

第一节 问题的提出

全球价值链以全球要素再分配和技术溢出成为一国经济发展的重要驱动力量，随着贸易保护主义抬头，全球价值链进程受阻，表现出结构深度调整和逐渐分裂为各个区域价值链的重构趋势。自 1990 年至今，全球价值链通过垂直专业化、产业关联和技术溢出等渠道显著促进发展中国家经济发展。但是，2014 年以来中美贸易战等逆全球化现象凸显，全球价值链发展速度减缓体现为两大趋势：（1）全球价值链日益区域化。弗朗索瓦和伍顿（Francois and Wooton，2001）认为全球被分割为以中国、德国、美国等国为核心的"亚洲工厂""欧洲工厂""北美工厂"等，价值链形式以轮辐状蜘蛛蛇型为主，具有明显的网络中心特征[1]。（2）王直等（2017）认为全球价值链出现深层结构变化。复杂价值链的跨境次数下降，亚洲、欧洲和北美几大区域价值链再度孤立，中国实行进口替代，国内价值链步长增加，该现象与世界经济复苏乏力同时发生[2]。

中国大部分产业仍处于价值链低端，生产性服务作为价值链网络中介和中间投入品，能够重塑制造业比较优势，降低服务贸易壁垒有助于

---

① Francois J. F. and Wooton I. , Market Structure, Trade liberalization and the GATS [J]. *European Journal of Political Economy*, 2001, 17（2）：389 –402.

② Wang Z. , S. Wei, X. Yu, and K. Zhu. 2017a. Measures of Participation in Global Value Chain and Global Business Cycles [J]. *NBER Working Paper No.* 23222, *NBER*, Cambridge, MA.

巩固和加强中国引领亚洲区域价值链中的轴心地位。中国是全球价值链铺设过程中的最大受益国之一。目前，中国主要矛盾中的不充分不平衡发展体现为：一方面人口红利消失、价值链低端位置难以突破，急需从要素驱动转向创新驱动；另一方面，国内区域间差距扩大，亟待重构合理的经济空间梯度。

我国已经进入"服务经济"时代，服务中间投入品交易占全球价值链附加值已经超过40%，金融、通讯、计算机服务等生产性服务作为制造业的重要中间投入品和生产网络中介，以其专业化、知识外溢效应与规模经济成为突破价值链低端锁定、重塑中国制造业比较优势的新趋势与新引擎。同时，服务贸易自由化进程远远落后于货物贸易，服务贸易壁垒在价值链中间品跨境中产生成本"放大效应"，如何通过改革国内服务贸易政策，积极签署服务贸易区域协定来扩大服务贸易开放度，巩固中国在价值链重构过程中引领亚洲区域价值链的核心地位，寻找第二轮开放的发展新动能，具有重要的战略意义。

第二节　研究意义与研究方法

一、研究意义

（一）理论意义

1. 采用投入产出分析刻画了增加值贸易下中国服务贸易的特征事实

相比前期文献，本书采用国际投入产出表基于库普曼等（KWW，2014）[1] 和王直等（2013）[2] 的分解框架对服务贸易进行前向与后向产业关联分解，并且通过价值链长度、价值链参与度与价值链位置等相关指

---

① Koopman, R., Wang, Z. & Wei, S. J., Tracing Value Added and Double Counting in Gross Exports [J]. *American Economic Reviews*, 2014, 104, 2, 1-37.

② Wang, Z., Wei, S. J. & Zhu, K., Quantifying International Production Sharing at the Bilateral and Sector Levels [J]. NBER Working Paper, No. w19677. 2013.

数的测算描述了增加值贸易核算框架下中国服务贸易的典型事实与变化趋势。

2. 运用多种实证方法进行服务贸易相关研究

本书采用多种实证模型对增加值贸易下的服务贸易发展进行量化分析，分别采用的方法有投入产出模型、面板向量自回归 PVAR 模型与多层线性回归模型等，因而从多维角度来测度服务贸易发展与其影响因素，透彻分析我国整体与浙江省服务贸易的区域生产网络的特征。

（二）实践意义

1. 在世界经济持续低迷的背景下为全球价值链发展提出新动能

世界经济持续低迷，全球价值链发展进入调整阶段，随着服务贸易的重要性凸显，制造业与服务业加速融合，出现了制造业服务化和服务业制造化倾向。服务业领域仍存在垄断、贸易壁垒等阻碍市场发挥良好配置作用的障碍，应当鼓励制造业与服务业融合的趋势，消除价值链中服务环节的限制，从而得到价值链布局的效率更高，实现链条升级。

2. 采用增加值贸易核算办法，全面展示服务贸易的全球价值链特征，有助于准确制定服务贸易发展战略

中国一直是服务贸易逆差大国，但是基于传统最终贸易核算体系，只能够核算出直接服务贸易，却无法核算出涵盖在货物贸易增加值内的间接服务贸易，无法准确判断中国服务贸易位于全球价值链中的地位，本书全面引入增加值贸易核算体系，分别从国家/部门层面进行细分，描述生产性服务的全球价值链特征与典型事实。

二、研究方法

本书力求做到微观分析与宏观分析有机结合，规范分析与实证分析有机结合，理论创新与政策建构有机结合。主要涉及的方法如下。

（一）理论构建法

通过阅读前期文献，全面梳理生产性服务的相关研究，将服务贸易对价值链的影响细分为四大效应，建立上游服务贸易与下游货物贸易之

间的产业关联机制，并且细分为前向关联和后向关联，从而构建中国服务贸易发展的理论机制。

（二）投入产出方法

基于库普曼等（KWW et al.，2014）[①] 和王直等（2013）[②] 价值链核算体系，利用 2000~2014 年世界投入产出数据库（WIOD 2016），在国家/部门、双边/国家、双边/部门层将最终出口分解为直接的国内增加值（DVA）、返回本国的国内增加值（RDV）、国外增加值（FVA）和纯重复计算部分（PDC），再进一步通过前向关联与后向关联交互的方向进行四个层次共 16 项分解。再根据 WWZ（2013）的增加值贸易指标测算方法计算国家/部门层面的前向关联和后向关联价值链参与度指数、位置指数、长度指数与跨境次数。

（三）案例分析法

对浙江省服务贸易与服务新业态进行现状研究和数据分析，重点分析跨境电商、数字贸易、区块链和互联网金融等生产性服务新业态对促进区域内高端要素集聚与创新、价值链升级的传导机制。

（四）面板向量自回归模型

为避免一般实证方程先验识别被解释变量和解释变量带来的模型偏误，本书在实证分析中采用面板向量自回归模型（PVAR），将服务贸易与货物贸易数据同时作为向量放入模型，通过单位根检验、脉冲响应和回归分析，根据数据结果来识别服务贸易与货物贸易的关联关系。

（五）多层线性回归模型

本书采用国际投入产出表数据来分析服务贸易对下游制造业出口的影响，为了适应三维数据结构特征（国家—产业—时间），采用多层线

---

① Koopman, R., Wang, Z. & Wei, S. J., Tracing Value Added and Double Counting in Gross Exports [J]. *American Economic Reviews*, 2014, 104, 2, 1–37.

② Wang, Z., Wei, S. J. & Zhu, K., Quantifying International Production Sharing at the Bilateral and Sector Levels [J]. NBER Working Paper, No. w19677. 2013.

性回归模型进行分析，该方法可以通过识别样本的组间差异和组内差异，控制不同国家、不同产业和不同时间样本之间不可观测的异质性，从而使残差项最小化，提升估计精度。

第三节 相关文献综述

一、增加值贸易测算方法研究现状

增加值贸易的最初提出源于跨国生产以及中间产品贸易的扩大，在研究路径上可以追溯到赫梅尔斯等（HIY，2001）所提到的垂直专业化概念①。这个概念涉及"如何将贸易量转化为收入量"这一路径，最初旨在计算出口中的进口价值含量，含量越高，表明该国对国际分工的参与度越高。但一般而言，含量越高，出口拉动的本国收入越低，将加深实际收入量与贸易量的背离程度。赫梅尔斯等（HIY，2001）提出了 VS 方法来测量垂直专业化，它指一个国家出口中所包含的直接、间接进口额。而 VS1 法是指从出口的角度以及经由第三国间接出口中间产品到最终国来测量垂直专业化。

多班等（Daubin et al.，2011）指出前向分解法主要从供给角度来核算行业出口，根据这种方法，某一行业出口包含此行业的直接增加值出口以及囊括在全部下游行业的间接增加值出口。他也提出了另一种测量方法，即计算一国用于其他国家生产最终产品并且返回本国的出口品，这包含于 VS1 中，因此成为 VS1* 方法②。

约翰逊和诺格拉（Johnson and Noguera，2012）提出了"增加值出口"概念，它指在来源国生产且在最终国吸收的增加值，并使用 VAX 率

---

① HummelsD.，IshiibJ.，YiK. 2001，The Nature and Growth of Vertical Specialization in World Trade［J］. *Journal of International Economics*，54（1）：75 – 96

② Daubin，G.，Rifflart. C. & Schweisguth，D.，Who Produces for Whom in the World Economy？［J］. *Canadian Journal of Economics*，2011，44，4，pp，1403 – 1437

（增加值与出口总值之比）来衡量增加值贸易以及用国家间投入产出表（ICIO）计算不同生产阶段的增加值①。

库普曼等（KWW et al.，2014）②和王直等（2013）③搭建了完整的增加值贸易核算体系，采用多国、多产业、多年份国际投入产出表数据对最终出口进行分解，将最终出口分解为直接的国内增加值（DVA）、返回本国的国内增加值（RDV）、国外增加值（FVA）和纯重复计算部分（PDC），最终同时进行前向分解和后向分解，一共分解为16项。根据这一分解方法，可以将服务贸易出口分为作为传统的最终品出口的直接服务贸易，和隐含在货物贸易出口增加值中的间接服务贸易。其他测量垂直专业化的方法（VS、VS1、VS1 * 等）都可以表示为这四部分子集的某种线性组合，KWW法对各种测量垂直专业化的方法之间关系提供了完整的描述，并且可以根据KWW法提供的贸易统计量中的重复计算部分的结构信息来描述国家在全球价值链中的地位。

但是这种分解方法仅限于国家层面，没有深入到部门层次，而且不能反映不同产品出口在进行增加值和纯重复计算等分解时的异质性。基于此，王直等（WWZ et al.，2013）从需求角度出发，构建了部门层次的总出口分解方法④。戴维斯和温斯坦（Davis and Weinstein，2001）认为未来增加值贸易分解的发展动态是将产业层面与企业层面进行关联，采用跨国公司汇总的货物与服务贸易来汇总成为国际投入产出表的双边贸易数据，并可以按照所有权区分不同企业⑤。

王直等（2015）进一步改进了这种分解方法，分别构建了前向联系

---

① Johnson R. C., & Noguera, G. Accounting for Intermediates：Production Sharing and Trade in Value Added？［J］. *Journal of International Economics* 2012，54（2）224 – 236.

② Koopman，R.，Wang，Z. & Wei，S. J.，Tracing Value Added and Double Counting in Gross Exports［J］. *American Economic Reviews*，2014，104（2）1 – 37.

③ Wang，Z.，Wei，S. J. & Zhu，K.，Quantifying International Production Sharing at the Bilateral and Sector Levels［J］. 2013. NBER Working，No. w19677.

④ Wang，Z.，Wei，S. J. & Zhu，K.，Quantifying International Production Sharing at the Bilateral and Sector Levels［J］. 2013. NBER Working，No. w19677.

⑤ Davis，R.；Weinstein. E.. An Account of Global Factor Trade［J］. *American Economic Review*. 2001，91（5），1423 – 1453.

的增加值出口以及后向联系的增加值出口①。本章将采用这种总出口的增加值分解方法，并且分解为此四部分，来研究生产性服务业的全球价值链特征。王直等（2016）提出了一个基于要素含量是否跨越国界进行生产的生产活动核算框架，该框架允许将一个国家/部门的国内生产总值和最终产品生产分解为纯国内活动和全球价值链生产活动②。

二、生产性服务概念及特性的研究现状

格林菲尔德（Greenfield，1966）基于对服务业分类而首次提出生产性服务的概念，这一概念后由勃朗宁（Browning，1975），巴格瓦蒂（Bhagwati，1984）得到进一步发展深化③④⑤。马歇尔等认为生产者服务是指以向其他行业或部门提供中间产品为目的服务业（Marshall et al.，1987）⑥。这些行业包括交通运输仓储业、金融保险业、信息传输、计算机服务和软件业、租赁和商务服务业、科学研究业和综合技术服务业（徐丽霞和田喜洲，2011）⑦。生产性服务具有以下几大特性：（1）中间投入品属性。弗朗索瓦和霍克曼（Francois and Hoekman，2010）认为生产性服务是以提供中间产品为目的进行生产，这些服务大多位于微笑曲线两端，并成为创造产品高附加值的重要源泉，包括研发、设计、软件

---

① 王直，魏尚进，祝坤福. 总贸易核算法：官方贸易统计与全球价值链的度量 [J]. 中国社会科学，2015（09）：108－127，205－206.

② Wang Z.，S. Wei，and K. Zhu. Quantifying International Production Sharing at the Bilateral and Sector Levels [J]. 2016. NBER Working Paper No. 19677.

③ Greenfield，H.，Manpower and the Growth of Producer Services [M]. New York：Columbia University Press. 1966.

④ Browning，H. and Singelman，J.，1975，The Emergence of a Service Society：Demographic and Sociological Aspects of the Sectora Transformation of the Labor Force in the USA [M]. Springfield，VA：National Technical Information Service.

⑤ Bhagwati，J. N.，Why Are Services Cheaper in the Poor Countries？ [J] Economic Journal，1984. Vol. 94，279－286.

⑥ Marshall，J. N.；Damesick，P. and Wood，P.，Understanding the Location and Role of Producer Services in the UK [J]. Environment and Planning A，1987，19（5），575－595

⑦ 徐丽霞，田喜洲. 我国生产性服务业增长因素的SDA分析 [J]. 产业经济与区域经济，2011（01）：23－28.

技术、营销和售后服务等，均作为下游制造业产品价值的重要组成部分，在价值链各个环节起到了重要作用①。（2）网络中介属性。琼斯和凯日科夫斯基（Jones and Kierzkowski，2001）认为随着制造业产品的分节化程度越来越高，运输、信息传输、后勤和金融等生产性服务在全球价值链中日渐扮演重要的网络中介角色，即连接和协调各个基于比较优势分裂到全世界各地进行生产的制造业产品生产环节，生产性服务效率提升将大大降低制造业分节化的边际成本②。（3）差异化和定制化属性。霍克曼（Hoekman，2010）认为区别于制造业产品可以由标准化和流水线作业来进行批量生产，生产性服务具有差异性特征，即在生产过程中需要消费者参与来满足其定制化的需求③。因此服务业具有高市场准入特征和规模报酬递增的垄断性市场结构，因此，生产性服务可以通过技术创新和降低协调成本等方式来提高服务密集型制造业的生产率（夏杰长和倪红福，2017）④。（4）有限贸易性。霍克曼和马图（Hoekman and Mattoo，2008）认为由于信息技术的发展，生产性服务打破了原来消费性服务不可贸易的特征，可以实现跨境贸易⑤。但是由于定制化和差异化特征存在，生产性服务的投入要素（包括人力和资本）往往来自本地，生产性服务与制造业距离越远，将损失对服务消费者定制化特征的满足程度，即生产性服务的差异化特征存在空间距离衰减，这一特征称为服务的有限贸易性。弗朗索瓦和霍克曼（Francois and Hoekman，2010）认为有限贸易性特征导致生产性服务存在邻近约束（proximity burden），即服务通常不可存储，因此服务交易往往需要服务生产者和消

---

① Francois, J. and B. Hoekman, Services trade and policy [J], Journal of Economic Literature, 2010, 48 (3): 642 –692.

② Jones, and Kierzkowski. 2001. A Framework for Fragmentation [M]. Oxford, U. K.: Oxford University Press.

③ Hoekman B. Liberalizing Trade in Services: A Survey [M]. Social Science Electronic Publishing, 2010.

④ 夏杰长，倪红福. 服务贸易作用的重新评估：全球价值链视角 [J]. 财贸经济，2017，38 (11)：115 –130.

⑤ Hoekman B. , A. Mattoo. Services Trade and Growth [J]. International Journal of Services Technology and Management, 2008, 17 (2): 191 –199.

费者地理位置的邻近[①]。

三、增加值贸易下服务贸易的特征与事实研究现状

对服务进行增加值核算最早可以追溯到马库斯（Maakus，1985），他们使用投入产出表来分析间接服务出口对不同行业和最终产品的贡献度，随着提高专业化和服务交换（"外包"），品种和质量有相关的增加，可以提高企业的生产力和最终消费者的福利[②]。斯蒂勒等进一步采用投入产出表测算离岸服务外包比例，发现服务离岸外包对美国的生产率有显著的积极影响，占这一时期劳动生产率增长的 10% 左右（Stehrer 等，2012）[③]。离岸货物外包投入也对生产率产生积极影响，但幅度较小，约占生产力增长的 5% 。

而弗朗索瓦等（Francois 等，2013）采用 1992～2007 年多国 GTAP 数据，测算出服务贸易约占增加值贸易的 1/3，其中大部分集中在与货物贸易有关的边际服务活动（如运输、物流)[④]。而这一数字在高收入国家将高达 70% 。

四、服务贸易嵌入全球价值链对上下游产业的关联效应

关于生产性服务的嵌入特性，目前学者把服务看作制造业的中间投入，因此讨论主要集中在对下游产业竞争力和生产率造成的影响上，国内外众多学者证明了生产性服务对下游制造业效率和竞争力的积极影响。最早讨论的文献是巴格瓦蒂（Bhagwati，1984），他认为专业化分工和贸

① Francois, J. and B. Hoekman, Services trade and policy [J], Journal of Economic Literature, 2010, 48 (3): 642–692.

② Maakus, Keith E. A Test of the Heckscher-Ohlin-Vanek Theorem; The Leontief Commonplace [J]. Journal of International Economics, 1985, 19, 201–212.

③ Stehrer, R., Foster, N. & de Vries, G., Value Added and Factors in Trade : A Comprehensive Approach [J]. 2012. WIOD Woriing Paper, No. 7.

④ Joseph Francois, Miriam Manchin, Patrici Tomberger. Services Liniages and the Value Added-Content of Trade [J]. 2013. Policy Research Woriing Paper 6432.

易成本的下降促进了生产环节的"分裂"，而嵌入在各个生产环节中的服务高收入弹性和知识技术的载体属性使得在生产过程中的服务增加值将不断提高[1]。弗朗索瓦（Francois，1990）指出开放生产性服务贸易将降低下游制造业成本、提升产业效率，从而促进制造业国际竞争力和优化产业结构[2]。而拉夫和鲁尔（Raff and Ruhr，2001）从提供生产性服务的跨国公司出发，认为进口服务的多样化降低了东道国的制造业成本并提升当地投资环境的吸引力，也对东道国制造业的生产效率产生积极影响[3]。顾乃华等（2006）、冯泰文（2009）、宣烨（2010）等均证实发展本国的生产性服务业可促进制造业生产效率和国际竞争力的提高[4][5][6]。

弗朗索瓦和沃尔茨（Francois and Woerz 2008）进一步将服务作为制造业生产上游投入的比例进行量化，通过经合组织 1994～2004 年 78 个国家货物和服务贸易面板数据，发现了生产者服务与收入水平显著正相关，但是这一相关性具有行业异质性，即提高了服务密集度高的部门的效率，降低了服务密集程度较低的部门的效率[7]。而罗德法里（Lodefali，2014）在此基础上进一步识别了生产性服务对下游产业效率的影响渠道，分别以三种方式来影响制造业的表现[8]。第一，通过更多技术先进的服务提供商的进入，可以提供新的服务，增加服务种类。第二，使得消费

---

① Bhagwati, J. N., Why Are Services Cheaper in the Poor Countries? [J] Economic Journal, 1984. Vol. 94，279 - 286.

② Francois J., Trade in Producer Services and Returns due to Specialization under Monopolistic Competition [J]. Canadian Journal of Economics，1990，23（1）：109 - 124

③ Raff H. and Ruhr，M.，Foreign Direct Investment in Producer Services：Theory and Empirical Evidence [J]，CESifo Working Paper，No. 598. 2001.

④ 顾乃华，毕斗斗，任旺兵. 中国转型期生产性服务业发展与制造业竞争力关系研究——基于面板数据的实证分析 [J]. 中国工业经济，2006（09）：14 - 21.

⑤ 冯泰文. 生产性服务业的发展对制造业效率的影响——以交易成本和制造成本为中介变量 [J]. 数量经济技术经济研究，2009，（03）：56 - 65.

⑥ 宣烨. 生产性服务业空间集聚与制造业效率提升—基于空间外溢效应的实证研究 [J]. 财贸经济，2012（4）：121 - 127.

⑦ Francois，J. and J. Woerz，J. Producer services，Manufacturing liniages，and Trade.［J］. Journal of Industry，*Competition and Trade*，2008 Vol. 8，No. 3，199 - 229

⑧ Lodefali，M.，The Role for services for Manufacturing Firm exports [J]. *Review of World Economics*，2014，150（1）59 - 82.

者更加广泛地获取服务。第三，国外服务提供商进入本国市场制定更高的标准和引进新产品，将新产品和国际先进知识带入该国，将提高本国市场竞争，改进本地服务市场绩效。

国内学者主要基于服务贸易开放度视角来分析服务贸易对下游产业的影响，盛斌（2002）对服务贸易总体及分部门的具体承诺做出了数量化的评估与福利分析①。王绍媛和张鑫（2014）在此基础上进一步将服务贸易谈判按照开放顺序做了补充②。于立新和周伶（2012）则从理论机制上关注中国服务贸易扩大开放度将对国民经济和产业发展造成的整体影响③。张艳等（2013）采用实证方法证明了服务贸易自由化如何通过服务任务的外包效应、重组效应和技术促进效应影响制造业企业的生产效率，发现服务贸易自由化促进了制造业企业生产率的提高，但是这种影响存在地区、服务投入密度和企业所有权异质性④。对东部地区企业、使用较多服务中间投入的企业、外商投资企业和出口企业，服务贸易自由化影响更大；而对于国有企业和港澳台投资企业，服务贸易自由化的促进作用不显著。

部分学者探讨了生产性服务的发展对价值链升级的影响机理，主要观点可归纳为以下两个方面：其一认为生产性服务业的扩张对价值链升级有积极影响。马库森（Markusen，1987）和刘斌等（2016）分别从深化制造业的专业化分工程度和加强企业的价值链参与程度证明了生产性服务业对价值链升级的正面效应⑤⑥。刘学鹏等（2017）也充分认同生产性服务对价值链的正向作用，尤其是金融和商业服务的发展提高了制造业部门的

---

① 盛斌. 中国加入 WTO 服务贸易自由化的评估与分析 [J]. 世界经济，2002（8）：10 - 18.

② 王绍媛、张鑫. 服务贸易协定谈判基本特征分析 [J]. 国际贸易，2014（4）：48 - 52.

③ 于立新、周伶. 现阶段中国服务贸易与货物贸易相互促进发展研究 [J]. 国际贸易. 2012（3）：52 - 58.

④ 张艳、于立新、孟翡. 促进我国服务贸易与货物贸易协调发展的路径研究——基于浙江省经验的实证分析 [J]. 财贸经济，2015（1）：105 - 116.

⑤ Markusen J. R. , Trade in Producer services and Other Specialized Intermediate Inputs [J]. American Economic Review，1987，79（1）：85 - 95.

⑥ 刘斌，魏倩，吕越，祝坤福. 制造业服务化与价值链升级 [J]. 经济研究，2016，51（03）：151 - 162.

比较优势，从而增强了制造业出口竞争力，促进价值链的升级①。其二则认为生产性服务业的发展对价值链升级的影响是非线性的。弗朗索瓦和沃尔茨（Francois and Woerz，2008）运用投入产出表检验了服务的发展水平与制造业出口总体格局之间的相关互动具有很强的非线性关系的，这种关系具体表现为倒"U"型②。而许和连等（2017）认为制造业服务化程度对制造业 DVAR 的影响是"U"型的，并且对一般贸易和加工贸易等不同贸易方式下的制造业价值链参与度的影响存在明显的行业异质性③。

五、"一带一路"倡议影响全球价值链的文献综述

在理论框架上，众多学者从价值链重构意义明确了"一带一路"倡议的战略高度，肯定了"一带一路"倡议重构全球经贸格局（李丹和崔日明，2015），完善全球经济治理体系（金碚，2016）的重大意义④⑤。另一些学者从不同角度搭建了"一带一路"倡议的政策实施框架。主要包括搭建国际产能合作体系（夏先良，2015），协调国内外参与主体利益（盛斌和黎峰，2016），区分产业异质性分别向发达国家和发展中国家进行对外投资（姚战琪，2017）来助推"一带一路"成功落地⑥⑦⑧。

---

① Liu X., Mattoo A., Wang Z., and Wei S. J., 2017, Services Development and Comparative Advantage in Manufacturing [J]. Policy Research Working Papers, 2018. 5.

② Francois, J. and J. Woerz, J. Producer services, Manufacturing liniages, and Trade [J]. Journal of Industry, *Competition and Trade*, 2008 Vol. 8, No. 3, 199 – 229.

③ 许和连，成丽红，孙天阳. 制造业投入服务化对企业出口国内增加值的提升效应——基于中国制造业微观企业的经验研究 [J]. 中国工业经济，2017，10：62 – 80.

④ 李丹，崔日明."一带一路"倡议下全球经贸格局重构的实现机制 [J]. 经济研究参考，2015（66）：39 – 40.

⑤ 金碚. 论经济全球化 3.0 时代——兼论"一带一路"的互通观念 [J]. 中国工业经济，2016（1）：5 – 20.

⑥ 夏先良. 构筑"一带一路"国际产能合作体制机制与政策体系 [J]. 国际贸易，2015（11）：26 – 33.

⑦ 盛斌，黎峰."一带一路"倡议的国际政治经济分析 [J]. 南开学报（哲学社会科学版），2016（1）：52 – 64

⑧ 姚战琪. 最大限度发挥中国 OFDI 逆向溢出效应——推动对"一带一路"沿线国家 OFDI 逆向溢出的政策取向 [J]. 国际贸易，2017（5）：44 – 48.

　　在实证研究上，部分学者为"一带一路"促进我国和沿线国家经济增长提供了显著的支持证据。陈虹和杨成玉（2015）发现建立自由贸易区将明显促进各国 GDP 和进出口，并明显改善中国贸易条件和福利①。魏龙和王磊（2016）发现"一带一路"能使中国从嵌入欧美日主导的全球价值链到自我主导区域价值链②。另一些学者则致力于识别"一带一路"重构价值链的影响因素。梁琦和吴新生（2016）识别了地理距离和非关税壁垒的阻碍作用以及 RCEP 的促进作用③。李敬等（2017）通过网络分析方法得到"一带一路"沿线国家的网络特征，发现"一带"国家和"一路"国家贸易存在明显异质性，按照贸易互补和贸易竞争可分为不同板块，应当有针对性地制定贸易政策④。

　　上述文献的可扩展空间在于，众多文献探讨了生产性服务在价值链中的网络中介、中间投入与高附加值等属性，但是鲜少有文献关注生产性服务的有限贸易性。本书从生产性服务的有限贸易性出发，基于邻近约束的视角，试图构建生产性服务与价值链升级之间关联的理论机制，并通过实证模型进行检验生产性服务对价值链升级的显著影响，并为我国以及沿线国家价值链的升级路径提供政策启示。

---

　　① 陈虹、杨成玉.2015."一带一路"国家战略的国际经济效应研究——基于 CGE 模型的分析［J］. 国际贸易问题，2015（10）：4 - 13.
　　② 魏龙，王磊.从嵌入全球价值链到主导区域价值链——"一带一路"倡议的经济可行性分析［J］. 国际贸易问题，2016，5.104 - 115.
　　③ 梁琦，吴新生."一带一路"沿线国家双边贸易影响因素研究——基于拓展引力方程的实证检验［J］. 经济学家，2016，12.69 - 77.
　　④ 李敬，陈旎，万广华，陈澍.一带一路"沿线国家货物贸易的竞争互补关系及动态变化——基于网络分析方法［J］. 管理世界，2017.4.10 - 19.

第四节　研究目标、研究框架、创新与不足之处

一、研究目标与研究框架

（一）研究目标

本书基于增加值贸易核算方法，分别从总额贸易与双边贸易层面对服务贸易进行全球价值链分解，全面刻画服务贸易的全球价值链特征。再基于产业关联理论，分别从前向关联和后向关联两个角度梳理增加值贸易下服务贸易发展的理论机制，构建成本效应、选择效应、竞争效应和网络效应四大作用渠道，并建立实证模型，验证其对相关产业出口竞争力和价值链参与度的影响机制。并最后得到服务贸易发展对我国产业全球价值链转型和升级的战略路径。

（二）研究框架

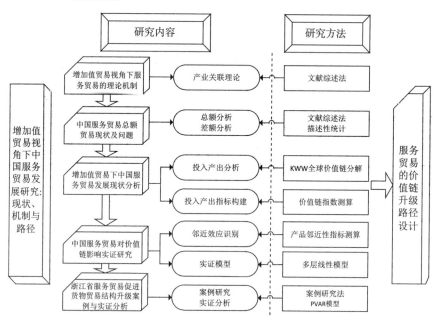

图1-1　本书框架结构

二、研究的创新与不足之处

（一）创新之处

1. 学术观点创新

本书全面分析服务贸易作为全球价值链的重要驱动力，从产业关联效应带动全球价值链实现产业升级的传导机制。首先，在全球化背景下识别全球价值链发展趋势，以促进服务贸易发展作为切入点，基于产业关联理论，从前向关联和后向关联两个视角梳理了服务贸易促进全球价值链发展的机理和效应，归纳为成本效应、选择效应、竞争效应和网络效应四大效应，从而构建服务贸易发展与上下游产业升级之间良性互动、协调发展的发展思路与战略路径。

2. 研究方法创新

本书运用多种实证方法来证明服务贸易对货物贸易发展和制造业出口竞争力提升的促进作用。本书采取包括增加值贸易核算方法、多层线性回归模型、面板向量自回归模型（PVAR）等模型在内的实证方法来分析服务贸易发展对货物贸易出口规模与出口竞争力的影响。分别从国家/部门层面对增加值贸易下服务贸易的价值链特征进行刻画，并且从数据角度出发来发掘服务贸易和货物贸易的影响机制，最后利用多层线性模型对高维国际投入产出表数据进行处理，从而全面分析服务贸易对全球价值链的影响。

3. 研究对策创新

本书从"一带一路"倡议的顶层设计出发，提出基于现有区域贸易协作组织运作基础上推动服务贸易进一步发展的战略路径。包括将单一政策转变为国内＋双边＋区域视野的政策体系；发展国内节点城市＋关键通道对接再全球化背景沿线"六廊六路"，形成以中国为核心的高效运输网络；通过降低服务贸易壁垒促进进口和外商直接投资，实施国内进口替代、扩大间接服务出口和对外直接投资的"双环流"机制；通过生产性服务业的前向关联和后向关联来打造高质量的上游中间投入品供应链，发挥瓶颈产业的带动作用，最终实现我国产业升级。

（二）不足之处

1. 国内价值链与区域价值链的服务贸易发展特征尚未得到全面刻画。目前基于增加值贸易核算方法已经能够从国别和产业两大维度对服务贸易的全球价值链特征进行分解和刻画，但是由于数据相对较少，基于中国区域间投入产出表和亚洲价值链、欧洲价值链、北美价值链等区域价值链的发展趋势与典型事实尚未得到有效分析和刻画，也是笔者未来的研究方向之一。

2. 无法获得企业层面的服务贸易数据。由于服务贸易提供方式的特殊性，测算相对比较困难，暂时无法像货物贸易那样获得企业层面的确切数据。目前的研究趋势是从国际贸易理论出发应当将企业异质性纳入理论机制进行考量，从实证方法出发应当采用基于大数据的微观应用计量研究，因此数据缺失造成服务贸易的企业层面研究相对困难，也是笔者未来将进一步弥补的方向。

第二章 增加值贸易视角下服务贸易发展的理论机制

第一节 服务贸易模式分析

一、跨境交付

（一）跨境交付的概念

跨境交付（Cross border supply）是指服务提供者从一国或地区的境内向另一国或地区境内的消费者提供服务。跨境交付强调服务提供者和消费者在地理上的界限，跨越国境和边界的只是服务本身，而不是服务提供者或接受者。它与一般的货物贸易方式非常相似，例如在美国的律师通过互联网为在中国的客户提供法律咨询服务、国际电话通信服务等。

（二）跨境交付的特征

首先，跨境交付一般不涉及资金及人员的过境流动，其主体是服务本身，服务提供者和消费者都不需要进行位移。因此，其优势在于在进行服务贸易时，不需要服务消费者和生产者面对面地进行交易，可以节省一部分交易成本。相应的就存在不足之处，由于买卖双方没有直接接触，再加之目前对跨境交付提供模式的监管机制尚未健全。因此，服务质量就得不到很好的保证，出现问题之后解决起来也比较困难。

其次，由于跨境交付的主体是以信息形式出现的服务本身，这就要求有较高的信息技术为支撑。所以，跨境交付提供方式的受制因素主要是技术特别是信息技术的发展速度，跨境交付方式的发展快慢在很大程度上取决于信息技术的发展速度。

（三）中国跨境交付未来的改革与发展方向

中国应当积极探索服务贸易创新发展模式。跨境交付既可以直接向消费者提供服务，同时又是其他服务模式的手段。现在在世界范围内，以云计算、大数据、物联网、移动互联网等为代表的新型信息服务技术蓬勃发展，中国IT企业也在争相布局这些领域，尤其积极拓展与国外服务购买商提供跨境交付的相关业务。"一带一路"倡议的核心目标之一是与周边国家建立起互联互通网络，其中的重点项目就是实现信息技术的互联互通。中国与白俄罗斯等中东欧国家签订合作协议，帮助这些国家建设高效畅通的通信网络，由此将为我国先进的信息技术服务贸易开辟广阔的新市场。

以云计算为例，云计算与传统的跨境交付服务不同，其主要区别在于借助云计算，数据通过互联网进行存储和交付，数据的拥有者不能控制，甚至不知道数据的存储位置，数据的流动是全球性的，跨越了国界、穿越了不同的时区。中国企业如百度、360等大型IT公司都建立了云计算中心，大大提高了数据处理的能力和速度。因此，数据处理服务将成为推动服务贸易模式创新，打造跨境交付网络平台的新引擎。

二、境外消费

（一）境外消费的概念

跨境消费（Consumption Abroad）是指一国的服务提供者在其境内向来自任何其他成员的服务消费者提供服务，以获取报酬。它的特点是服务消费者到任何其他成员境内接受服务。例如：购买国外奢侈品；病人到国外就医；旅游者到国外旅游；学生、学者到国外留学进修，等等。

（二）中国消费者境外消费的特征

第一，出境游快速增长带动境外消费。目前我国已经与90多个国家和地区签有互免签证协定，与39个国家签订了53个简化签证手续协定，争取到 37 个国家和地区单方面给予中国公民落地签证待遇。在出境游签证政策日渐宽松等利好因素带动下，中国出境游持续增长，2017 年中国出境旅游达到 1.29 亿人次。中国游客的足迹遍布世界 150 多个国家和地区，已成为世界重要的旅游客源国，为全球国际旅客总量贡献超过10%。旅游消费涵盖吃、住、行、游、购、娱等方面，境外旅游的高增长必然带动了境外消费。携程旅游发布的《2017 中国人春节出游意愿调查报告》显示，有八成内地居民希望通过旅游方式度过羊年春节，境外游意愿首次超过境内游，出境客源地正从一线城市与沿海地区向二、三线城市和中西部地区转移。

第二，境内外价差产生多买多赚心理。境内进口高端消费品的价格高于境外。其中，进口手表、箱包、服装、酒、电子这五类产品的 20 个品牌高端消费品，中国内地市场价格比中国香港高 45%，比美国高51%，比法国高 72%。国内销售同档次、同品质、同品牌的中国制造产品定价也高于国外。由于信息技术和互联网购物日益发达，消费者很容易获得价格信息，消费者不愿为国内的高价差买单。高价差背后的原因有两个：一是税收原因推高国内价格。从税率看，进口环节税率较高，关税率一般为 6.4% ~ 25%，高端商品还要额外征收 30% 的消费税；从征收方法看，我国商品价格中直接嵌入的税收为美国的 4.17 倍，是日本的 3.76 倍，是欧盟的 2.33 倍。二是国外品牌商对我国采取撇脂定价策略，期望短期获得高利润率，一般最终零售价格比进口到岸价格高出 2/3 甚至更多（赵萍和孙继勇，2015）①。

（三）境外消费的回流——以旅游服务贸易为例

旅游服务贸易是指一国（地区）旅游从业人员向其他国家（地区）的旅游服务消费者提供旅游服务并获得报酬的活动，既包括本国旅游者的出境旅游，即国际支出旅游，又包括外国旅游者的入境旅游，即国际收入旅游。按 WTO 服务贸易理事会对服务贸易的分类规定，"旅游及相

---

① 赵萍，孙继勇. 中国境外消费现状与问题分析［J］. 国际贸易，2015（6）：48 - 52.

关服务包括以下几项：宾馆与饭店，旅行社及旅游经营者提供的服务，导游服务和其他旅游服务。"对此，可从以下方面进行操作。

第一，健全旅游法规，强化行业管理。政府相关部门应加大旅游立法力度，并根据 WTO 规则补充、修订和完善现有的旅游服务立法，建立起完善的旅游法律体系，规范旅游市场行为。要加强政府在旅游业发展中的引导作用，建立"市场主导，政府引导"的旅游业发展模式（郝索，2001）①。同时，通过行业管理，全面提高旅游业服务质量，不断改善旅游者的消费环境。这样才能从整体上提升我国旅游企业管理和经营水平。

第二，加大企业的营销力度。一方面，针对不同国家的游客心理特点，采取多样化的营销方式，要通过信息化营销手段和旅游电子商务，在网上进行预订机票、车票、酒店房间、旅行路线以及景点介绍等服务，以提高旅游服务的效率及准确性，使客源市场不断扩大（密德尔敦，2001）②。另一方面，要加强对西部省市特色旅游的宣传促销力度，扩大旅游的范围，既能分解旅游密集区的客流，又可推出新的特色旅游，吸引更多客源。

三、商业存在

（一）商业存在的概念

商业存在（Commercial Presence），是 GATS 中最重要的一种服务提供方式，一成员的服务提供者在任何其他成员境内建立商业机构（附属企业或分支机构），为所在国和其他成员的服务消费者提供服务，以获取报酬。包括通过设立分支机构或代理，提供服务等。如一国电信公司在国外设立电信经营机构，参与所在国电信服务市场的竞争就属于"商业存在"。

---

① 郝索. 论我国旅游产业的市场化发展的政府行为［J］，旅游学刊，2001（16）：19 - 22.

② 维克多·密德尔敦、向萍译. 旅游营销学. 中国旅游出版社，2001.

（二）商业存在的特征

商业存在的特点是服务提供者（个人、企业或经济实体）到国外开业，如投资设立合资、合作或独资的服务性企业（银行分行、饭店、零售商店、会计师事务所、律师事务所等）。

（三）商业存在未来的改革和发展方向

现代国际生产分工已经从不同产品深化到同一个产品的不同工序上，可以更加充分利用不同国家生产要素优势，在现代信息和物流技术支持下，通过跨国公司组织起全球产业链和生产网络，实现全球研发、全球生产、全球销售。中国分销企业或者物流服务贸易要获得像西方跨国公司那样的全球竞争力，也要像西方跨国公司那样"走出去"发展，取得商业存在，组织起由自己主导的全球产业链和生产网络以及仓储的网络，海外仓的出现优化资源优势的体现（孟玉明，2012）①。利用不同国家要素优势，在人才最集中的地方搞研发、在资源最丰富的地方搞开发、在成本最低的地方搞生产、在市场最大的地方搞营销、在利率最低的地方搞融资，在全球进行资源配置和优化，获得商业存在，这也是国际化的最高境界。

四、自然人移动

（一）自然人移动的概念

自然人移动是指一成员方的自然人进入另一成员方境内提供服务。许多服务业都需要具有专业知识和实践经验的人员，而且所有拥有国际业务的供应商都需要将具有一定专业知识和实践经验的工作人员送到外国市场提供服务，这样有关的业务才能成功开展。各成员方为规范这种流动制定了各种措施，以保护其边界的完整和保证自然人能有序地通过边界，但这些措施应不使其他成员方根据其具体承诺应获得的利益受到

---

① 孟玉明. 中国企业"走出去"发展战略的制定与实施 [J]. 国际经济合作，2012（2）：14－21.

损害。

（二）我国自然人移动面临的主要壁垒

第一，我国自然人移动面临的市场准入限制。教育培训经历、资格认证等准入资格，已成为众多东道国针对自然人移动的最常见壁垒形式。在资格认证上，东道国会通过扩大资格条件范围增加市场准入难度，对自然人的工作类型、人员数量、停留期限及其他需要满足的要求设限，如要求入境提供服务者需具备一定的专业学历学位证书、相关工作经历、执照和资质等方可入境工作，以此来限制中低层次劳动力的流入。

第二，我国自然人移动面临着东道国签证制度的限制。在获得东道国市场准许可后，服务提供者还要向东道国申请签证。此时，签证的配额限制也成为自然人移动的主要壁垒形式之一，配额限制不仅仅针对境外服务提供者的数量，还体现在发放签证的时间限制上。

第三，我国自然人移动面临的国民待遇歧视。东道国实施的歧视性待遇也在很大程度上限制了自然人的移动，首先体现在外籍服务提供者与东道国服务提供者的工资与税收差别上，如在美国境内的我国劳务提供者必须缴纳美国社会保障费及其他税费，由于在美国停留的时间较短，并不能享受到美国提供的社会福利，只履行了义务，未获得相应权益。

（三）我国自然人移动未来的改革和发展方向

通过对美、英、德三国对"自然人移动"方式方面的限制比较可知，这三国对劳务输入限制非常严格，比如美国的移民法/劳工法和工会对建筑工人、专业技术人员入美有严格的规定，因此国外建筑工人很难进入美国。所以，我国在面临国际建筑服务壁垒的时候，可以采取以下措施：一是根据"中国标准"体系，做出与国际建筑规范对接的本企业建筑服务标准范本，积极与"英国规范，美国标准"相契合；二是海外市场拓展模式由"单一承包模式"向"综合商业模式"转变，由承包商向投资商转变，通过投资绕过壁垒限制；三是以政府采购（GPA）为突破口，以投资、担保优势为出价推进"中国标准"在建筑服务市场中的应用；四是加强与ENR前十强的公司的合作交流，建立联合体，以便更好地开拓发达国家市场。

第二节　增加值贸易下服务贸易的作用机理分析

生产性服务（Producer Service）是指被服务生产者和其他商品用作中间投入的服务。而生产性服务贸易则是指组成某一产业全球价值链的外包生产中间投入的服务性活动。生产性服务贸易的存在方式有两种：一是跨国公司内部母子公司或子公司之间的跨境生产性服务，其主要方式是商业存在；二是国际生产性服务外包，其主要方式是跨境交付和境外消费（顾国达、周蕾，2010）[①]。

本章基于生产性服务的有限贸易性，从邻近约束的视角出发，分析在邻近约束下生产性服务影响价值链升级的理论机制，具体归纳为以下四个效应。

一、成本效应

一方面，运输、通信等生产性服务具有公共物品属性，为一定区域内所有企业提供基础设施保障，同时又由于生产性服务具有差异化和规模经济的特征，因此，当生产性服务贸易规模扩大（商业存在增加）或效率提升时，降低贸易成本中的协调成本，从而降低该区域内制造业生产的边际成本（樊秀峰和韩亚峰，2002；张振刚等，2014），增加从事复杂价值链的可能性，有利于制造业价值链位置的提升[②③]。

另一方面，伊思凯茨（Escaith，2017）认为全球价值链中存在分节

---

① 顾国达，周蕾. 全球价值链角度下我国生产性服务贸易的发展水平研究——基于投入产出方法 [J]. 国际贸易问题，2010（05）：61-69.

② 樊秀峰，韩亚峰. 生产性服务贸易对制造业生产效率影响的实证研究——基于价值链视角 [J]. 国际经贸探索，2012，28（05）：4-14.

③ 张振刚，陈志明，胡琪玲. 生产性服务业对制造业效率提升的影响研究 [J]. 科研管理，2014，35（01）：131-138.

化的生产特征，使上下游之间贸易成本不断叠加，造成了放大效应，这一叠加的成本主要来自关税或者非关税壁垒等贸易政策，各国服务业开放程度相比制造业而言均较低，市场准入或者经营性限制较高，在价值链生产中可能提升生产分节化的成本，从而降低本国制造业的国际竞争力，阻碍价值链进一步升级①。

二、选择效应

相比货物贸易的可运输性而言，服务通常不能储存，使其受到邻近约束，具体表现为服务生产者和消费者的地理距离越远，将损失服务生产者满足消费者定制化需求的程度。根据服务贸易的定义，生产性服务贸易以模式1（跨境交付）和模式3（商业存在）为主。

一方面，根据有限贸易性特征，服务供应商提供的服务附加值越高，就越倾向于选择采用商业存在而非跨境交易模式来提供服务。科雷亚等（Correa et al.，2007）认为商业存在有效缩短供应商与消费者之间的"距离"，降低了二者之间的信息不对称，使供应商更易贴近客户需求，实现目标客户的锁定和产品价值增值②。因此服务越密集的产品将越接近消费市场，即趋近价值链下游进行生产。而服务环节在微笑曲线中具有较高附加值，因而提高 DVAR 中的服务密集度将提升服务密集型产品出口国的价值链位置。另一方面，采用商业存在方式提供生产性服务，使得具有技术密集型产品典型的资产专用性和高固定资产特征，增加了价值链扩张的成本，在价值链的贸易成本放大效应下，对下游产业的价值链参与度产生负面影响。

---

① Escaith H. 全球价值链发展报告［R］. 北京：社会科学文献出版社，2017.

② Correa H. L.，L. Ellram，A. Scavarda，and M. Cooper. An Operations Management Views of the Service and Goods Mix［J］，International Journal of Operations and Production Management，2007，Vol. 27（5），444－463.

三、竞争效应

扩大服务业开放度可以影响当地服务行业的市场集中度，有利于改善服务的市场竞争结构，刺激技术外溢。中国服务业行业是以非完全竞争为特征的，存在金融、运输、电信等垄断部门，制约了服务型生产要素在国内与国际市场的自由流动。扩大服务业对外开放可以引入更为激烈的竞争环境，使中国制造业所需的服务产品的市场格局发生变化。引入国外服务提供者可提高我国服务市场的竞争程度，从而产生"鲶鱼效应"，打破国内垄断格局，降低服务产品生产的成本和价格，增加居民福利。费尔南德斯和保诺夫（Fernandes and Paunov，2012）认为中国服务市场中竞争压力加大将导致本国服务贸易企业失去垄断租金甚至市场份额，因而促使他们积极进行服务创新和吸收国外技术，改善服务质量，降低服务价格，提供品质更好、品类更多的服务[1]。因此，埃塔肯和哈里森（Aitken and Harrison，1999）认为扩大服务业开放度通过竞争机制降低了中国制造业企业所需服务的成本，并享受了上游服务市场竞争带来的技术外溢[2]。

一方面，生产性服务贸易开放程度的提高将增加服务进口品多样化程度，对国内服务发展水平较低的国家而言，可通过进口高端服务产生"绕道效应"（bypass effect），克服本国服务市场不发达阻碍经济复杂度提升的瓶颈（刘学鹏等，2017）[3]。同时，进口国外高端服务将提高本国服务市场的竞争程度，打破本国服务业垄断的市场结构，降低本国服务企业的价格加成，提升国内下游产业的生产率和竞争力，实现价值链升级。但竞争效应存在行业异质性，在生产性服务能够影响制造业的区域

---

[1]　Fernandes，A.，Paunov C. Foreign direct investment in services and manufacturing productivity：Evidence for Chile ［J］. *Journal of Development Economics*. Vol 97 （2），2012. 305 – 321.

[2]　Aitken B. Harrison A.，Do domestic firms benefit from direct foreign investment? Evidence from Venezuela ［J］. American Economic Review. 1999，89 （3）605 – 618.

[3]　Liu X.，Mattoo A.，Wang Z.，and Wei S. J.，2017，Services Development and Comparative Advantage in Manufacturing ［J］. Policy Research Working Papers，2018. 5.

范围内，将提高服务密集型产品的出口竞争力，降低非服务密集型产品的出口竞争力，甚至阻碍这类行业的价值链升级。

四、网络效应

生产性服务位于产业链上游，更多依赖本国生产要素的投入，要素成本差异将阻碍下游制造业产品的价格趋同。一国如果具有较高服务贸易壁垒，则在保护该地区服务业免遭国际竞争者冲击的同时，也阻止了下游制造业产品价格在国际贸易竞争中趋同，而始终高于世界平均价格，降低制造业国际竞争力，抑制了价值链升级。尤其对于价值链复杂度高的合同密集型行业，往往同时是服务密集型行业，高服务贸易壁垒将大大损害该国该部门的价值链参与度。

通过梳理上述四大效应可知，由于生产性服务存在有限贸易性，因此将同时对价值链升级存在促进和抑制两方面的作用，因此，本章认为生产性服务业将对制造业价值链升级产生非线性影响。

第三节　增加值贸易下服务贸易的产业关联效应分析

一、服务中间品嵌入机制

在经济全球化趋势之下，以国际分工为基础的全球价值链体系基本成型，货物贸易的生产环节在全球范围内分离，贸易链条越来越长。各个生产环节之间需要金融、通信、物流等服务连接，于是生产性服务就作为中间投入连接各个制造业环节，这就是生产性服务作为中间投入品的"嵌入"作用。

这一"嵌入"作用可以从两个方面加以考察：首先，服务贸易的垂直效应。格罗斯曼和赫尔普曼（Grossman and Helpman，1991）认为"垂直效应"是指国内厂商通过引进高质量的进口中间品来提高企业全要素生产率水平①。这一效应将带来质量机制，即新进口投入品的质量优于国内投入品将促进国内企业生产效率提升。其次，服务贸易的水平效应。布罗达等认为服务贸易规模扩大将拓展本国制造业企业中间投入品可选范围和种类，而进口中间产品新种类将提升国内企业的全要素生产率，这一影响机制称之为"水平效应"（Broda et al. , 2006）②。水平效应则带来互补机制，即综合使用进口和国内不同种类的中间投入品可以创造"整体大于局部"的收益。

二、技术附加值提升机制

服务贸易，尤其是生产性服务贸易对货物贸易的促进作用主要体现为提高技术附加值、降低贸易成本。在微笑曲线中，生产性服务占据了位于技术附加值高端的"两头"部分，但是截至 2015 年，中国服务贸易结构仍然以技术附加值较低的传统服务贸易为主，旅游、运输、建筑等部门比重过大，而代表新型技术的计算机与信息服务、金融服务、专有权利使用费和特许费等技术附加值高的部门比较优势仍偏弱，且长期逆差。服务贸易结构不合理的现状亟待改善，应当鼓励高技术附加值部门的发展，才能充分发挥生产性服务嵌入制造业环节中起到的技术规模报酬递增效应，提升中国制造业在全球价值链中的位置。

三、服务贸易的人力资本流动机制

在服务贸易中，知识和技能往往附着在劳动力身上。服务业是人力资本和知识资本等高端生产要素的载体，通过高技能劳动力参与生产过程从而将高级技术和知识资本转化为产品价值，通过内涵的密集知识和技术向制造业企业引入创新和差异化优势。所谓服务贸易的人力资本流

---

① Grossman G. , Helpman E. , Quality ladders in the theory of growth [J]. *The Review of Economic Studies*. 58 (1), 1991. 43 – 61.

② Broda C. , Greenfield J. , Weinstein D. , From groundnuts to globalization：A structural estimate of trade and growth [J]. NBER Working Paper, w12512. 2006

动机制，是指当国内外人力资本和技术水平具有一定差距时，不同国家和不同企业间人员跨境流动将引发技术溢出。

改革开放四十年中，中国培养了一大批本土高端技术科技人才，这些人才在各个领域的关键岗位上成为中坚力量，为我国经济发展做出了重要贡献。但是，随着"一带一路"倡议的推进，中国企业"走出去"浪潮不断扩大，迫切需要大批高端技能人才随着中国企业一同走出去，为企业在境外的生产经营提供技术、管理支持。但是，中国人才出境限制较多，审批手续烦琐，对于人才要素跨境自由流动设置了障碍。为了确保中国企业在全球竞争中获得竞争优势，自然人移动跨境手续的简化势在必行。

四、服务业与制造业的关联效应

（一）服务业作为中间投入促进制造业发展

制造业的扩张和水平的提高是以产业集中度为前提的。要吸引制造业集中于某一地区，需要具备一系列条件，即要具有较强的产品和产业配套能力、高素质的劳动力、良好的生产性服务体系和较好的政府公共服务环境。上述条件的好坏不仅决定了企业对区域进入的选择，而且还决定该区域内制造业交易成本的高低。

从交易成本角度看，生产性服务业的发展对制造业的发展主要起到以下主要作用：

首先，降低制造业交易成本。按照现代制度经济学的理论，制造业的生产包括制造成本和交易成本两部分。随着生产规模的扩大和专业化的加深，制造业成本大大降低，制造效率将提高。但是工业革命造成生产专业化的另一个现象就是分工精细化，社会分工越细，交易成本将越高。在制造业竞争日益加剧的今天，交易成本在企业总成本中占有越来越大的比重。而交易成本的降低，在很大程度上要依赖于生产性服务的发展，特别是现代物流、金融保险、法律服务、会计服务、管理咨询、广告服务、技术中介服务等。

其次，为制造业提供急需的智力服务。现代经济发展中，人力资本和知识资本在制造业中的作用日益突出，人力资本和知识资本进入生产过程是通过厂商使用人力资本和知识资本进行的。企业投资项目的可行性分析、资本运作和融资服务、保险服务、产品研发、产品设计、工程技术服务、产品市场推广、品牌推广、法律咨询、会计服务、信息技术服务、管理咨询等，这些智力服务进入企业生产过程，加快了现代企业生产的专业化，提高了企业生产效率。

最后，为制造业提供了急需的劳动力。制造业企业需要大量职业工作人员，职业教育培训为现代企业提供了急需的技术熟练工人。另外职业培训还能为现代企业培训专业的高级工人，如企业的会计员和会计师培训、企业营销员和营销师培训、企业现代物流员和物流师培训、企业报关员培训等。

（二）服务业的两种产业关联机制

与服务业相关的关联效应有两种：一种是前向关联，是指国外服务业企业通过服务贸易向本国制造业提供服务的过程中发生了技术溢出。另一种是后向关联，是指本国制造业企业向国外服务业企业提供货物的过程中发生了技术溢出。

在前向关联中，中国制造业企业生产产品的过程中需要投入大量的生产性服务，在本国部分技术密集型服务贸易缺乏比较优势的情况下，国外先进服务提供商将为我国制造业企业提供直接创造产品价值的研发设计服务、品牌营销服务等，或者辅助企业经营的专业性会计或法律服务、管理咨询服务等，提升我国制造业产品的国际竞争力。加大服务业开放度将促使本国制造业企业更容易地进口这些高技术附加值服务贸易。

在后向关联中，中国制造业企业向国外服务业企业提供货物的过程中，国外服务业企业将对送货时间和产品质量提出较高要求，或者采取商业存在或自然人移动等方式提供技术支持或信息服务，这属于间接服务贸易进口，促使我国制造业企业提升技术能力、创新能力和管理水平，并将帮助我国制造业企业进行有关生产流程、质量控制等方面的管理和组织培训工作。

在新的历史背景下，随着互联网＋为代表的第三代信息技术革命普及，以人工智能、生命医药为代表的第四代信息技术革命兴起，生产性服务迅速发展还伴随着制造业服务化的趋势显现，传统制造业企业也逐步开始探索转型为整体解决方案供应商的路径，转变了原本制造业和服务业界限分明的现状，产业边界趋于模糊，制造业与服务业的深度融合将产生"1＋1＞2"的效果，最终整合为全新的比较优势，加速服务业发展。

五、服务贸易与货物贸易协调发展机制分析

（一）生产性服务贸易技术含量增加降低货物贸易边际成本

从贸易成本角度分析，琼斯和凯日科夫斯基（Jones and Kierzkowski，1990）假设技术存在规模报酬递增效应，货物贸易中技术含量增加能够有效降低货物贸易的边际成本①。在最开始的货物贸易中，产品生产仅发生在一国之内。随着生产规模的扩大，劳动分工和生产专门化使得货物贸易中各生产环节开始分离，不同环节根据要素禀赋的差异分配到国际贸易市场的各个地区进行生产。而两个地区的货物贸易生产需要生产性服务（如运输、通信、金融保险等）来进行连接，以便协调生产以保证产品质量和控制完工进度，因此，这一变化使得贸易总成本曲线中的固定成本增加，边际成本下降。

随着生产性服务贸易技术含量的不断提高，技术的规模报酬递增使得货物贸易各生产环节的边际成本不断降低，同时分离的生产环节越多，对生产性服务的需求也越多，固定成本也不断升高。各国禀赋差异所造成的比较优势，使得货物贸易生产环节的分离需求进一步扩大，众多发达国家选择将技术密集型生产环节（如研发）放在本国进行，而将劳动

---

① Jones R. , H. Kierzkowski. The Role of Services in Production and International Trade： A Theoretical Framework ［J］. RCER Working Papers，1990.

密集型生产环节（如组装和加工）放在发展中国家，以便最大限度地降低货物贸易的生产边际成本，这时需要嵌入生产环节中的生产性服务逐渐演变成国际生产性服务贸易（主要由跨境提供和商业存在方式进行）。如果生产性服务贸易的结构得到不断优化，势必会降低货物贸易生产中的固定成本，同时其技术进步带来的效率提高还直接降低了货物贸易生产中的边际成本，提高从事货物贸易的跨国企业利润率，从而推动货物贸易结构升级。

（二）生产性服务贸易通过降低协调与沟通成本来提升货物贸易结构

从比较优势理论分析，生产性服务贸易的结构优化的最直接影响是降低货物贸易各生产环节之间的协调与沟通成本。一方面，戈卢布等（Golub et al.，2007）认为进一步扩大一国货物贸易的比较优势，即通过吸引外商直接投资和技术附加值更高的生产环节进入，从而提升货物贸易效率，优化货物贸易结构[1]。

另一方面，从国际市场的生产可能性边界来看，货物贸易的生产环节分离降低了生产的边际成本，使货物贸易的生产可能性边界向外扩张。而一国的生产性服务贸易的发达程度是该国货物贸易生产环节边界扩张的决定性因素之一（另一重要因素是货物贸易产品本身的技术进步），随着服务贸易的结构逐渐优化，服务效率不断提高，进一步降低各生产环节之间的边际成本，使得生产可能性边界不断向外延伸。

（三）生产性服务贸易基础设施相当于公共物品，提升货物贸易效率

一国货物贸易的规模扩大与结构优化将提升把生产性服务设施作为公共物品的需求，除了专门适用于某些特定行业的服务设施之外，适用于绝大多数货物贸易部门的低成本生产性服务设施将很容易从一个部门向另一个部门溢出，从而带动货物贸易整体结构升级，效率提高。

---

① Golub；R. Jones；H. Kierzkowski，Globalization and Country-Specific Service Links［J］. *Journal of Economics Policy Reform*，2007 10（2），63－88.

第四节　服务贸易的增加值贸易核算框架分析

一、投入产出分析概述

（一）多国投入产出模型

多国投入产出模型的基本结构，假定包括 n 个国家，i 个部门的世界投入产出表的基本形式如表 2－1 所示。

表 2－1　　　　　　　　国际投入产出表的基本形式①

投入＼产出		中间需求（中间使用）				最终需求（最终使用）				总产出
		国家1	国家2	…	国家n	国家1	国家2	…	国家n	
中间投入	国家1	z^{11}	z^{12}	…	z^{n1}	y^{11}	y^{12}	…	y^{1n}	x^1
	国家2	z^{21}	z^{22}	……	z^{n2}	y^{21}	y^{22}	…	y^{2n}	x^2
	⋮	⋮	⋮	⋮	⋮	⋮	⋮	⋮	⋮	⋮
	国家n	z^{n1}	z^{n2}	……	z^{nn}	y^{n1}	y^{n2}	…	y^{nn}	x^n
增加值		VA^1	VA^2	…	VA^n	—	—	—	—	—
总投入		$(x^1)'$	$(x^2)'$	…	$(x^n)'$	—	—	—	—	—

资料来源：陈锡康、杨翠红：《投入产出技术》，科学出版社 2011 年版。

1. 指标含义

中间需求（又称中间使用、中间产品）：反映一部门生产的产品或服务分配给各部门在生产过程中消耗的数量。

最终需求（又称最终使用、最终产品）：反映一部门退出或者暂时退出本期生产活动而为最终需求所提供的货物和服务。

中间投入（又称中间消耗）：指生产过程中消耗（一次性转移）的货物和服务。

---

① 陈锡康，杨翠红. 投入产出技术［M］. 科学出版社，2011.

最初投入（增加值）：指经济系统各部门在生产过程中所创造的新增加值和固定资产的转移价值。

2. 投入产出表公式含义

从水平方向来看，存在如下行向平衡关系：

　　总产出 = 中间需求（中间使用）+ 最终需求（最终使用）

用表中的符号表示，行向平衡关系式为：

$$\sum_{r=1}^{n} z^{sr} + \sum_{r=1}^{n} y^{sr} = x^s \qquad (2-1)$$

根据此平衡关系，对任一部门/国家的中间需求、最终需求和总产出都可以建立平衡方程。

列向平衡关系式可以写成：

$$\sum_{s=1}^{n} z^{sr} + VA^r = (x^r)' \qquad (2-2)$$

其中，z^{sr} 是地区 s 对地区 r 的中间投入，VA^r 是地区 r 的增加值，另外 y^{sr} 是地区 s 的产品提供给地区 r 的最终需求。

如果用矩阵形式表示，则行平衡关系式可表示为：$X = AX + Y$，其中，A 为直接消耗系数矩阵，$A = Z(X)^{-1}$，X 为总产出列向量，Y 为最终需求列向量。进一步矩阵运算得到：$X = (I - A)^{-1}Y = BY$，其中 $B = (I - A)^{-1}$ 为 Leontief 逆矩阵，它表示增加 1 单位价值最终需求带来其他部门总产出的变化。

（二）非竞争型投入产出表

结合前面的一般性运算以及非竞争型投入产出表（见表 2 - 2）可以知道（刘遵义等，2007）[①]：

（1）$X^D = (I - A^D)^{-1}Y^D$，其中 $B^D = (I - A^D)^{-1}$ 表示非竞争型投入产出模型中的国内里昂惕夫矩阵，矩阵的元素表示生产 1 单位最终需求所

---

① 刘遵义、陈锡康、杨翠红，Leonard K. Cheng，K. C. Fung，Yun-Wing Sung，祝坤福，裴建锁，唐志鹏. 非竞争型投入占用产出模型及其应用——中美贸易顺差透视［J］. 中国社会科学第五期，2007. 5. 91 - 103.

需要的国内产品的总产出。

表 2 - 2   非竞争型投入产出表的一般表式

		中间需求 1 2 …n	最终需求	总产出或总进口
中间投入	国内产品中间投入	Z^D	Y^D	X^D
	进口产品中间投入	Z^M	Y^M	M
最初投入		V		
总投入		X^D		

（2）单位出口所带来的总产出：$X^D = (I - A^D)^{-1} E^D$。

（3）出口拉动的总产出：$\Delta X = (I - A^D)^{-1} \Delta E$，其中，$\Delta X$ 表示总产出增量的列向量，ΔE 表示出口增量列向量。

（4）出口拉动的国内增加值（出口隐含的完全增加值）：$\Delta V = A_V (I - A^D)^{-1} \Delta E$，其中，$\Delta Va$ 表示国内增加值增量，A_V 表示直接增加值系数的列向量，直接增加值系数 $v^i = va^i / x^i$，它表示第 i 国单位产出中所含的增加值。

（5）出口中隐含的完全中间进口价值（垂直专业化）：$\Delta M = A^M (I - A^D)^{-1} \Delta E$。

（6）出口拉动的总进口价值：$VS = uA^M (I - A^D)^{-1} \Delta E$。

（7）出口总能完全分解为完全增加值与垂直专业化之和，即 $u\Delta V + u\Delta M = u\Delta E$。

（8）出口的完全增加值率为：$u\Delta V / u\Delta E$。

（9）VS 份额为：$u\Delta VS / u\Delta E$。

二、相关测算框架

（一）增加值前向分解

增加值出口是指一国生产，但最终被其他国所吸收的国内增加值。

为了不失一般性，本章以两国两部门为例，假设存在国家 s 和国家 r，部门 1 和部门 2. 由 $GVC = \hat{V}(I-A)^{-1}\hat{Y} = \hat{V}B\hat{Y}$，

$$
\hat{V}B\hat{Y} =
\begin{bmatrix}
v_1^s & 0 & 0 & 0 \\
0 & v_2^S & 0 & 0 \\
0 & 0 & v_1^r & 0 \\
0 & 0 & 0 & v_2^r
\end{bmatrix}
\begin{bmatrix}
b_{11}^{ss} & b_{12}^{ss} & b_{11}^{sr} & b_{12}^{sr} \\
b_{21}^{ss} & b_{22}^{ss} & b_{21}^{sr} & b_{22}^{sr} \\
b_{11}^{rs} & b_{12}^{rs} & b_{11}^{rr} & b_{12}^{rr} \\
b_{21}^{rs} & b_{22}^{rs} & b_{21}^{rr} & b_{22}^{rr}
\end{bmatrix}
\begin{bmatrix}
y_1^s & 0 & 0 & 0 \\
0 & y_2^s & 0 & 0 \\
0 & 0 & y_1^r & 0 \\
0 & 0 & 0 & y_2^r
\end{bmatrix}
$$

$$
=
\begin{bmatrix}
v_1^s b_{11}^{ss} y_1^s & v_1^s b_{12}^{ss} y_2^s & v_1^s b_{11}^{sr} y_1^r & v_1^s b_{12}^{sr} y_2^r \\
v_2^s b_{21}^{ss} y_1^s & v_2^s b_{22}^{ss} y_2^s & v_2^s b_{21}^{sr} y_1^r & v_2^s b_{22}^{sr} y_2^r \\
v_1^r b_{11}^{rs} y_1^s & v_1^r b_{12}^{rs} y_2^s & v_1^r b_{11}^{rr} y_1^r & v_1^r b_{12}^{rr} y_2^r \\
v_2^r b_{21}^{rs} y_1^s & v_2^r b_{22}^{rs} y_2^s & v_2^r b_{21}^{rr} y_1^r & v_2^r b_{22}^{rr} y_2^r
\end{bmatrix}
\qquad (2-3)
$$

在该矩阵中，第一行表示基于前向联系增加值的分解，第一列表示基于后向联系最终品的分解。

完整国内生产和消费数学表达：$\hat{V}L\hat{Y}^D = \hat{V}(I-A)^{-1}\hat{Y}^D$，其中 $A^D = Z^D X^{-1}$ 为国内中间投入矩阵，$L = (I-A^D)^{-1}$ 为国内的里昂惕夫逆矩阵。

$$
\hat{V}B\hat{Y} = \hat{V}L\hat{Y}^D + \hat{V}L\hat{Y}^E + \hat{V}LA^E B\hat{Y}
$$

$$
= \hat{V}L\hat{Y}^D + \hat{V}L\hat{Y}^E + \hat{V}LA^E L\hat{Y}^D + \hat{V}LA^E(B\hat{Y} - L\hat{Y}^D)
$$

$$
= \hat{V}L\hat{Y}^D + \hat{V}L\hat{Y}^E + \hat{V}LA^E L\hat{Y}^D + \hat{V}L(A^E B)^D\hat{Y} + \hat{V}L[(A^E B)^D\hat{Y} - A^E L\hat{Y}^D]
$$

$$
(2-4)
$$

其中，$\hat{V}L\hat{Y}^E$ 表示传统最终出口品生产和消费，$\hat{V}LA^E L\hat{Y}^D$ 表示简单全球价值链的生产和消费，$\hat{V}LA^E(B\hat{Y} - L\hat{Y}^D)$ 表示复杂全球价值链生产和消费，$\hat{V}L(A^E B)^D\hat{Y}$ 表示返回国内最终生产的复杂全球价值链，$\hat{V}L[(A^E B)^D\hat{Y} - A^E L\hat{Y}^D]$ 表示国外最终生产的复杂全球价值链。

增加值分解如下：

$$
\hat{V}B\hat{Y}u' = \hat{V}L\hat{Y}^D u' + \hat{V}L\hat{Y}u'^E + \hat{V}LA^E B\hat{Y}u'
$$

$$= \hat{V}L\hat{Y}^D u' + \hat{V}L\hat{Y}^E u' + \hat{V}LA^E L\hat{Y}^D u' + \hat{V}LA^E (B\hat{Y} - L\hat{Y}^D) u'$$

$$= \hat{V}L\hat{Y}^D u' + \hat{V}L\hat{Y}^E u' + \hat{V}LA^E L\hat{Y}^D u' + \hat{V}L(A^E B)^D Y u' + \hat{V}L[(A^E B)^D \hat{Y} - A^E L\hat{Y}^D] u'$$

$$(2-5)$$

增加值的价值链体系及其分解如图 2-1 所示。

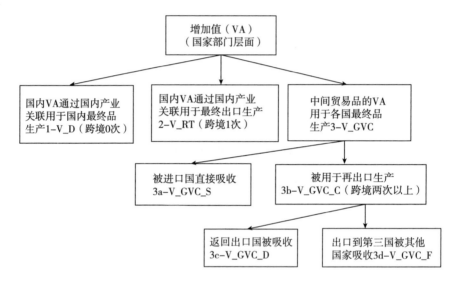

图 2-1 增加值的价值链分解体系

其中，跨境两次以上称为深度跨境分工，两次及两次以下（一次以上）跨境称为浅度跨境分工。在增加值的分解体系中：

（1）总增加值被完全分解为纯国内生产活动、传统生产贸易和全球价值链生产活动。1-V_D 所代表的增加值创造活动是纯国内生产活动，2-V_RT 代表的是传统生产贸易，3-V_GVC 表示全球价值链跨境生产活动，3a-V_GVC_S 表示简单全球价值链生产活动，3b-V_GVC_C 表示复杂全球价值链生产活动。3c-V_GVC_D 称为第一类复杂全球价值链增加值创造活动，3b-V_GVC_F 称为第二类复杂全球价值链增加值创造活动。

（2）本国增加值被本国最终吸收为 V_D + V_GVC_D（第一部分与第3c 部分之和）

（3）本国增加值被外国最终吸收：

$VAX = V\_RT + V\_GVC\_S + V\_GVC\_F$（第 2 部分和第 3a 与 3d 部分之和）

（4）本国增加值隐含于出口中：$DVA\_f = V\_RT + V\_GVC$（第 2 部分和第 3 部分之和）

（二）最终品后向分解

下面本章基于产业间的后向联系对最终品进行分解：

$$u\hat{V}B\hat{Y} = u\hat{V}L\hat{Y}^D + u\hat{V}L\hat{Y}^E + u\hat{V}LA^E B\hat{Y}$$

$$= u\hat{V}L\hat{Y}^D + u\hat{V}L\hat{Y}^E + u\hat{V}LA^E L\hat{Y}^D + u\hat{V}LA^E (B\hat{Y} - L\hat{Y}^D)$$

$$= u\hat{V}L\hat{Y}^D + u\hat{V}L\hat{Y}^E + u\hat{V}LA^E L\hat{Y}^D + u\hat{V}L(A^E B)^D \hat{Y} + u\hat{V}L[(A^E B)^D \hat{Y} - A^E L\hat{Y}^D]$$

$$(2-6)$$

具体含义和增加值分解一样。

由上式可以得到最终产品的价值链分解体系如图 2 - 2 所示

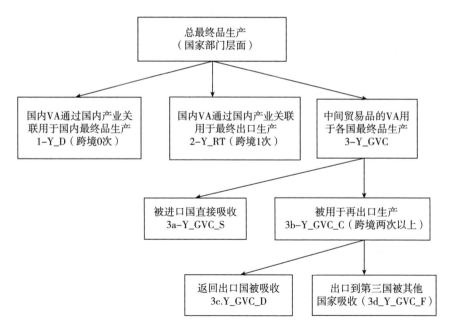

图 2 - 2　最终产品的价值链分解体系

由上述分析可以看出增加值和最终品分解具有相似的框架，最大的区别是基于前向联系分解还是后向联系分解。第四章实证部分主要进行基于前向联系增加值分解，所采用的指数体系主要基于总增加值与总贸易流分解框架之下，对最终品分解仅进行简要概述。

（三）贸易流分解

全球贸易中，中间品贸易的比重日趋加重，目前中间品贸易占比已逾60%，因此分解中间品贸易是进行全球价值链测算的重中之重。中间品的价值去向主要有三个：增加值出口部分（转化为外国最终品）、增加值返回部分（通过生产国的进口返回国内并被吸收）和重复计算部分（返回并再出口生产）。

不失一般性，本章按照王直等（2017b）的总贸易核算法思路，以三个国家为例，来分解双边中间品贸易流量。由上面的分解可得三国经典的里昂惕夫公式[①]：

$$\begin{bmatrix} x^1 \\ x^2 \\ x^3 \end{bmatrix} = \begin{bmatrix} b^{11} & b^{12} & b^{13} \\ b^{21} & b^{22} & b^{23} \\ b^{31} & b^{32} & b^{33} \end{bmatrix} \begin{bmatrix} y^{11} + y^{12} + y^{13} \\ y^{21} + y^{22} + y^{23} \\ y^{31} + y^{32} + y^{33} \end{bmatrix} \qquad (2-7)$$

将式（2.7）中的 x^2 的右端展开，即国家2的总产出 x^2 可以分解为不同最终需求所拉动的产出，并且由 $A = Z(X)^{-1}$，将展开式带入 $z^{12} = a^{12}x^2$ 中，可以得到：

$$z^{12} = a^{12}x^2 = a^{12}b^{21}y^{11} + a^{12}b^{21}y^{12} + a^{12}b^{21}3y^{13} + a^{12}b^{22}y^{21} + a^{12}b^{22}y^{22} +$$
$$a^{12}b^{22}y^{23} + a^{12}b^{23}y^{31} + a^{12}b^{23}y^{32} + a^{12}b^{23}y^{33} \qquad (2-8)$$

即国家1向国家2的中间出口可以按照不同最终吸收地及渠道分解为9部分。

另一方面，本章知道增加值系数 $v^i = va^i/x^i$，它表示第i国单位产出中所含的增加值。完全增加值系数的矩阵形式表示为 $VB = V(I-A)^{-1}$，

---

① Wang Z., S. Wei, X. Yu, and K. Zhu. Characterizing Global Value Chains: Production Length and Upstreamness [J]. *NBER Working Paper No. 23261*, 2017b. *NBER*, Cambridge, MA.

在以三国为例的模型中，完全增加值系数：

$$VB = \begin{bmatrix} v^1 & v^2 & v^3 \end{bmatrix} \begin{bmatrix} b^{11} & b^{12} & b^{13} \\ b^{21} & b^{22} & b^{23} \\ b^{31} & b^{32} & b^{33} \end{bmatrix}$$

$$= [v^1 b^{11} + v^2 b^{21} + v^3 b^{31}, v^1 b^{12} + v^2 b^{22} + v^3 b^{32}, v^1 b^{13} + v^2 b^{23} + v^3 b^{33}]$$

$$(2-9)$$

由投入产出技术知识，可以得到 $VB' = \mu'$，$\mu = (1,1,\cdots,1)'$，即上式的向量中，每一个元素都等于1，它的经济学意义是，任一单位的最终产品都可以被完全分解为所有部门的增加值。因此，对于国家1而言：

$$v^1 b^{11} + v^2 b^{21} + v^3 b^{31} = \mu \qquad (2-10)$$

以 E^{12} 表示国家1向国家2的出口，包括最终出口（最终需求）和中间出口（中间需求）。

国家1的总出口（总需求）：

$$E^1 = E^{12} + E^{13} = a^{12} x^2 + a^{13} x^3 + y^{12} + y^{13} \qquad (2-11)$$

以三国为例，从表1的行向看，AX + Y = X，即：

$$\begin{bmatrix} a^{11} & a^{12} & a^{13} \\ a^{21} & a^{22} & a^{23} \\ a^{31} & a^{32} & a^{33} \end{bmatrix} \begin{bmatrix} x^1 \\ x^2 \\ x^3 \end{bmatrix} + \begin{bmatrix} y^{11} + y^{12} + y^{13} \\ y^{21} + y^{22} + y^{23} \\ y^{31} + y^{32} + y^{33} \end{bmatrix} = \begin{bmatrix} x^1 \\ x^2 \\ x^3 \end{bmatrix} \qquad (2-12)$$

结合上式可以将此式变换为

$$\begin{bmatrix} a^{11} & 0 & 0 \\ 0 & a^{22} & 0 \\ 0 & 0 & a^{33} \end{bmatrix} \begin{bmatrix} x^1 \\ x^2 \\ x^3 \end{bmatrix} + \begin{bmatrix} y^{11} + E^1 \\ y^{22} + E^2 \\ y^{33} + E^3 \end{bmatrix} = \begin{bmatrix} x^1 \\ x^2 \\ x^3 \end{bmatrix} \qquad (2-13)$$

继续调整可以得到：

$$\begin{bmatrix} x^1 \\ x^2 \\ x^3 \end{bmatrix} = \begin{bmatrix} l^{11} y^{11} + l^{11} E^1 \\ l^{22} y^{22} + l^{22} E^2 \\ l^{33} y^{33} + l^{33} E^3 \end{bmatrix} \qquad (2-14)$$

其中，$l^{11} = (I - a^{11})^{-1}$，由式（2-14），国家1向国家2的中间出口可以表示为：

$$z^{12} = a^{12}x^2 = a^{12}l^{22}y^{22} + a^{12}l^{22}E^2 \qquad (2-15)$$

结合公式可以得到最终分解公式：

$$E^{12} = a^{12}x^2 = (v^1b^{11})'\#y^{12} + (v^2b^{21})'\#y^{12} + (v^3b^{31})'\#y^{12} + (v^1b^{11})'\#(a^{12}x^2)$$
$$+ (v^2b^{21})'\#(a^{12}x^2) + (v^3b^{31})'\#(a^{12}x^2)$$
$$= (v^1b^{11})'\#y^{12} + (v^1l^{11})'\#(a^{12}b^{22}y^{22}) + (v^1l^{11})'\#(a^{12}b^{23}y^{33}) + (v^1l^{11})'\#(a^{12}b^{22}y^{23})$$
$$+ (v^1l^{11})'\#(a^{12}b^{23}y^{32}) + (v^1l^{11})'\#(a^{12}b^{22}y^{21}) + (v^1l^{11})'\#(a^{12}b^{23}y^{31}) + (v^1l^{11})'\#(a^{12}b^{21}y^{11})$$
$$+ (v^1l^{11})'\#[a^{12}b^{21}(y^{12} + y^{13})] + (v^1b^{11} - v^1l^{11})'\#(a^{12}x^2) + (v^2b^{21})'\#y^{12} + (v^2b^{21})'\#(a^{12}l^{22}y^{22})$$
$$+ (v^2b^{21})'\#(a^{12}l^{22}E^2) + (v^3b^{31})'\#y^{12} + (v^3b^{31})'\#(a^{12}l^{22}y^{22}) + (v^3b^{31})'\#(a^{12}l^{22}E^2)$$
$$(2-16)$$

中间品贸易流的分解并不能通过简单的套用里昂惕夫的关系式来实现，因此通过前向关联和后向关联分解将出口贸易流量分解为增加值出口（被国外吸收的增加值）、返回的国内增加值、国外增加值、纯重复计算四大组成部分。这四部门又被细分为16部分。总贸易核算法的基本概念框架如图2-3所示（框架中的数字对应着上式中的顺序）。

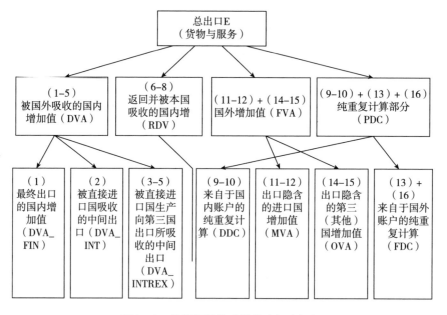

图 2-3 总贸易核算法的基本概念框架

其中，上图中的（1-8）属于国内价值部分 DVA_G（DVA + RDV），其中 DVA 也可以用 VAX_G 表示，（9-16）属于垂直专业化部分（VS），并且 DVA 和 RDV 都是基于产业部门间的后向联系计算的。除此以外，VS 份额反映了出口生产的后向（前向）垂直分工程度指标，DVA_G 份额反映了出口中隐含的本国增加值占比。MVA 份额反映了进口中进口国增加值占比。

三、测度相关指标

王直等（2017a，2017b）根据平均生产长度、参与程度和生产网络上的相对上游位置，制定了一套全球价值链（GVCS）的国家部门级度量指标[1][2]。其中包括基于前向和后向产业间及国家间联系的三种指标：（1）一个国家/部门参与全球价值链程度的参与指数；（2）平均生产阶段数量和全球价值链复杂性的生产长度指数；（3）一个国家/部门在全球价值链上的位置指数，或某一特定生产阶段到全球价值链两端的相对距离。这三种指标是本章主要采用的指标，它的核算公式与步骤将采用王直等（2016）所提到的核算方法[3]。

（一）生产长度指数

生产长度（对于某一国家部门）是指从一个国家部门的最初投入到另一个部门的最终产品之间的平均生产阶段数。它衡量一个国家/部门所使用的主要要素所创造的增加值在整个生产过程中被计算为总产出的平均次数。

法利（Fally，2012）提出了两个 GVCs 生产长度的度量标准来量化生产链的长度和某一部门在生产链中的位置，"与最终需求的距离"或

① Wang Z. , S. Wei, X. Yu, and K. Zhu. Measures of Participation in Global Value Chain and Global Business Cycles [J]. 2017a. BER Woriing Paper No. 23222, NBER, Cambridge, MA.

② Wang Z. , S. Wei, X. Yu, and K. Zhu. Characterizing Global Value Chains: Production Length and Upstreamness [J]. 2017b. *BER Woriing Paper No.* 23261, *NBER*, Cambridge, MA.

③ Wang Z. , S. Wei, and K. Zhu. Quantifying International Production Sharing at the Bilateral and Sector Levels [J]. 2016. NBER Working Paper No. 19677.

"上游"，即生产和最终消费之间的平均阶段数，以及"每种产品所体现的平均生产阶段数"或"下游"①。安特拉斯等（Antras，2012）指出生产长度（定义为全球价值链中的阶段数）反映了生产过程的复杂性，这对于评估处于全球生产过程相对上游和下游阶段的国家的专业化模式是必要的②。王直等（2016）根据王直等（2013）总贸易核算框架，进一步将生产总长度划分为纯国内生产部分、传统贸易部分和涉及跨境生产活动的 GVC 部分（可以细分为简单 GVC 部分和复杂 GVC 部分），更清楚地定义了 GVC 的生产长度③④。

生产链长度指标包括前向生产链长度、后向生产链长度、系统生产链长度等。其中前向生产链长度指单位增加值所推动的总产出，后向生产链长度指的是单位最终品所推动的总产出，系统总生产链长度可以表示为总产出与 GDP 之比。本章中采取增加值部门层面的生产链长度即前向生产链长度。综合来说，全球价值链长度为所涉及的单位增加值（最终品）在各部门的足迹之和。

具体来看，i 部门最初投入到 j 部门最终品的生产链长度为：

$$plvy_{ij} = \frac{v_i \sum_k^n b_{ik} b_{kj} y_j}{v_i b_{ij} y_j} \qquad (2-17)$$

这也是最小生产链单元的生产链长度。分母是部门 i 对部门 j 最终产品贡献的总增加值，分子是由增加值引起的生产链上累积总产量。用矩阵形式表示为：

① Fally T. On the Fragmentation of Production in the US [M]. 2012. University of Colorado, mimeo.

② Antras P, Chor D, Fally T, Hillberry R.. Measuring the Upstreamness of Production and Trade Flows [J]. *The American Economic Review*：*Papers &Proceedings*，2012，102（3）：412 - 416.

③ Wang Z., S. Wei, and K. Zhu. Quantifying International Production Sharing at the Bilateral and Sector Levels [J]. 2016. NBER Working Paper No. 19677.

④ Wang, Z., Wei, S. J. & Zhu, K., Quantifying International Production Sharing at the Bilateral and Sector Levels [J]. 2013. NBER Working Paper, No. w19677.

$$Plvy = \frac{\hat{V}BB\hat{Y}}{\hat{V}B\hat{Y}} \qquad (2-18)$$

将最小生产链单元的生产链长度汇总到增加值部门层面可以得到（汇总 i 部门中所有产品 j）：

$$plv_i = \sum_j^n \left[\frac{v_i \sum_k^n b_{ik}b_{kj}y_j}{v_i b_{ij}y_j} \times \frac{\sum_k^n b_{ik}b_{kj}}{b_{ij}} \right] = x_i^{-1} \sum_k^n b_{ik}x_k \qquad (2-19)$$

用矩阵形式表示

$$Plv = \frac{\hat{V}BB\hat{Y}\mu'}{\hat{V}B\hat{Y}\mu'} = \frac{\hat{V}BBY}{\hat{V}BY} = \hat{X}^{-1}BX = \hat{X}^{-1}B\hat{X}\mu' = G\mu' \qquad (2-20)$$

其中：G 是高斯逆矩阵，所以 Pl 表示高斯逆矩阵行的总和，它等于某一部门增加一个增加值单位所引起的总产出。将最小生产链单元的生产链长度汇总到整个经济系统可以得到生产链长度为：

$$Plvw = \frac{Va\,\hat{X}^{-1}B\hat{X}\mu'}{\mu Va} = \frac{VBX}{GDP} = \frac{\mu X}{GDP} \qquad (2-21)$$

这可以用来衡量经济系统的复杂程度。

基于总增加值分解框架本章可以得到生产长度指标体系，如图 2-4 所示。

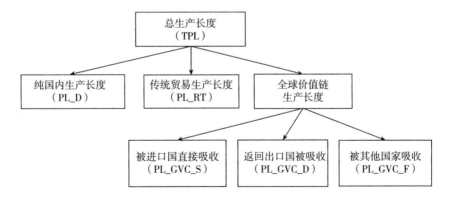

图 2-4　生产长度指标体系

由增加值完全分解表达式，本章可以得到体系中各指标的测算公式：

$$PL\_D = \frac{Xv\_D}{VA\_D} = \frac{\hat{V}LL\,\hat{Y}^D}{\hat{V}L\,\hat{Y}^D} \qquad (2-22)$$

其中，Xv 是部门增加值引致的总产出

$$PL\_RT = \frac{Xv\_RT}{VA\_RT} = \frac{\hat{V}LL\,\hat{Y}^E}{\hat{V}L\,\hat{Y}^E} \qquad (2-23)$$

$$PL\_GVC = \frac{Xv\_GVC}{V\_GVC} = \frac{\hat{V}(BB-LL)\hat{Y}}{\hat{V}(B-L)\hat{Y}} = \frac{\hat{V}(LLA^E + LA^E BB)\hat{Y}}{\hat{V}LA^E B\hat{Y}} \qquad (2-24)$$

$$PL\_GVC\_S = \frac{\hat{V}LLA^E\,\hat{Y}^D + \hat{V}LA^E LL\,\hat{Y}^D}{\hat{V}LA^E L\,\hat{Y}^D} \qquad (2-25)$$

其中，上式是简单价值链生产活动生产长度。

$$PL\_GVC\_C = \frac{\hat{V}LLA^E(B\hat{Y} - L\hat{Y}^D) + \hat{V}LA^E(BB\hat{Y} - LL\hat{Y}^D)}{\hat{V}LA^E L\,\hat{Y}^D} \qquad (2-26)$$

其中，复杂价值链生产活动生产长度，又可进一步划分为国内价值链长度和国外价值链长度

（二）位置指数

库普曼等（Koopman 等，2010）提出的价值链位置指数（基于总贸易流分解）可以衡量一国/行业在全球价值链中的地位[①]。（具体表示见式 2-3）该指标的优点在于能从贸易增加值角度出发，动态联系国内、外增加值及出口总值，并且能科学反映一国的国际分工水平。

对于全球价值链分工地位的衡量，王直等（2013）认为：如果一国通过向其他国家或地区提供中间投入参与国际分工，则该国就位于全球价值链的高附加值环节，位于微笑曲线两端；反之，如果一国通过大量

---

① Koopman R，Powers W，Wang Z，WEI S. Give Credit to Where Credit is Due：Tracing Value Added in Global Production Chains［R］. *NBER*，2010，No. 16426.

进口其他或地区的中间产品来生产最终品参与国际分工，则该国就位于全球价值链中的低附加值环节[1]。

刘斌等（2016）提出同时运用两个指标衡量一国在全球价值链中的位置[2]。一是来自别国（包括进口国和第三国）的国内增加值占总的国内增加值的份额；二是来自别国（包括进口国和第三国）的国外增加值占总的国外增加值的份额。

价值链位置指数能够衡量与特定全球价值链两端有关的生产阶段数，它是一种相对的测量指标，如果一国/部门处于在全球价值链中特定的生产阶段，在该阶段之前发生的生产阶段越少，该国家/部门在特定全球价值链中的位置就越处于上游。而在所涉及的阶段之后发生的生产阶段越少，国家/部门在特定价值链中的位置就越处于下游。一国（或行业）全球价值链的前向长度：

$$PLv\_GVC = \frac{Xv\_GVC}{V\_GVC} \qquad (2-27)$$

式（2-27）衡量的是体现在中间出口的国内增加值的平均生产长度，从第一次作为初始投入使用到最终产品和服务最终被吸收为止，生产过程就一直存在。一国（或行业）全球价值链的后向长度：

$$PLy\_GVC = \frac{Xy\_GVC}{Y\_GVC} \qquad (2-28)$$

式（2-28）衡量中间产品从第一次用作初始投入直到它们被吸收到国家的最终产品生产中（供国内使用和出口）所体现的外国增加值的平均生产长度。

作为全球生产网络中的一个特定的生产节点，一个国家/部门的前向生产长度越长，国家/部门就位于上游；一个国家/部门的后向生产长度越长，下游国家/部门就处于越下游的位置。因此一国/行业的价值链位

① Wang, Z., Wei, S. J. & Zhu, K., Quantifying International Production Sharing at the Bilateral and Sector Levels [J]. 2013. NBER Working Paper, No. w19677.

② 刘斌，魏倩，吕越，祝坤福. 制造业服务化与价值链升级 [J]. 经济研究，2016，51（03）：151-162.

置指数可以表示为：

$$GVC\_Pos = \frac{PLv\_GVC}{PLy\_GVC} \qquad (2-29)$$

即全球价值链的位置指数是全球价值链的前向长度与后向长度之比，它描述了一国（行业）在全球价值链中的位置。该指数越大，国家/部门越靠近上游。

位置指数又分为基于 APL（平均生产长度）和 TPL（总生产长度）的指数。一个国家基于前向联系的 APL 越长，国家部门的外部冲击影响最终需求的距离越长，一个国家基于后向联系的 APL 越长，国家/部门的外部冲击影响最初要素投入的距离就越长。即如果一个国家/部门位于相对上游，则其基于前向联系的 APL 将相对较长，而基于后向的联系 APL 将相对较短。所以有如下表示方法：

$$Pos\_APL = \frac{B(B-I)}{B} \qquad (2-30)$$

同理，$Pos\_TPL = \frac{Plv}{Ply} = \frac{BB}{B}$，也可以描述一国/部门在全球价值链中的相对位置。

（三）参与度指数

胡梅尔斯等（HIY，2001）提出的 VS 和 VS1 指数（以出口总额的百分比表示）都可以表示一国全球价值链的参与度[①]。

库普曼等（Koopman 等，2010）提出的全球参与度指数基于总贸易流分解框架的参与度指数。可以衡量一国参与全球分工的程度、在全球价值链的作用以及对世界市场的依赖程度[②]。

王直等（2017b）根据一种基于要素含量是否跨越国界进行生产的生产活动核算框架（该框架允许将一个国家/部门的 GDP 和最终产品生

[①] Hummels D., IshiibJ., YiK. 2001, The Nature and Growth of Vertical Specialization in World Trade [J]. Journal of International Economics, 54 (I): 75-96

[②] Koopman R, Powers W, Wang Z, WEI S. Give Credit to Where Credit is Due: Tracing Value Added in Global Production Chains [R]. NBER, 2010, No. 16426.

产分解为纯国内生产活动和全球价值链生产活动）提出了一种改进的 GVC 参与度指数[①]。它分为 GVC 前向参与度度指数与后向参与度，较之传统指数（VS 和 VS1），改进的参与度指数至少在以下两个方面体现了它的优越性：（1）纠正传统指数的偏差；（2）区分了简单价值链和复杂价值链参与度。

垂直专业化率（VS 和 VS1 在出口总额中所占比例）一直作为衡量一国/行业参与全球价值链程度的传统指标。VS 定义为一个国家出口中隐含的进口中间品，也就是出口产品中包含的直接和间接的进口中间品。VS1 从出口国家的角度来看，测度出口国出口到第三方国家，第三方国家再加工生产出口到其他国家的产品中包含的中间品，测算 VS1 需要详细的双边贸易数据。但是传统参与指标存在以下一些缺点。

（1）以总值出口作为分母。当一些行业部门的直接出口很低时，可能导致 VS 值很大。很容易高估国家行业部门的 GVC 参与程度。

（2）GVC 的重要特点是跨国生产分享活动。VS 和 VS1 只考虑了出口相关的活动，排除了通过国际生产分割以满足国内最终需求的生产活动。

（3）无法区分简单和复杂 GVC 参与度。

基于传统指标的这些缺点，一些学者提出了测量参与度的新指标。基于前向联系的参与程度指数可以理解为：国家行业部门的国内要素占跨国生产分割活动的比重，S 国的 GVC 前向参与度具体表示为：

$$GVC\_Pat\_f^s = \frac{V\_GVC^s}{(VA^s)'} = \frac{\hat{V}^s L^{ss} \sum_{r \neq s}^{G} A^{sr} \sum_{u}^{G} B^{ru} \sum_{t}^{G} Y^{ut}}{(VA^s)'} \quad (2-31)$$

而后向联系的参与程度指数可以理解为：一国（地区）的最终产品来自 GVC 相关的生产和贸易活动的比重。具体表示为：

$$GVC\_Pat\_b = \frac{Y\_GVC}{Y} \quad (2-32)$$

---

① Wang Z., S. Wei, X. Yu, and K. Zhu. Characterizing Global Value Chains：Production Length and Upstreamness [J]. *NBER Woriing Paper No.* 23261, 2017b. *NBER*, Cambridge, MA.

指标 Y_FVA 表示最终产品中隐含的外国增加值及其比例，Y_DVA 表示最终产品中隐含的国内增加值及比例。

本章主要采用基于前向联系的增加值分解框架，所以主要采用前向参与度，前向参与度又分为前向简单 GVC 参与度和前向复杂 GVC 参与度，指标公式如下：

$$GVC\_Pat\_f\_simple = 3a\_VA\_GVC\_S/SVA \qquad (2-33)$$

$$GVC\_Pat\_f\_complex = (3c\_VA\_GVC\_D - 3d\_VA\_GVC\_F)/SVA$$
$$(2-34)$$

其中，SVA 表示行业总增加值。

第三章 总额贸易下中国服务贸易现状及问题分析

第一节 总额贸易下中国服务贸易发展现状

一、中国服务贸易总体概况

2015 年中国服务贸易实现了逆势增长，增长速度高于对外贸易整体增速。根据商务部统计数据显示（见图 3 - 1），从贸易总量上看，服务贸易进出口总额达到 7130 亿美元，同比增长 14.6%。其中，出口额为 2882 亿美元，同比增长 9.2%；进口额为 4248 亿美元，同比增长 19%。整个"十二五"期间，服务贸易年均增长 14.5%，超过原本规划的年均增长 11% 的目标，全球排名从 2010 年的第四位上升至第二位。

二、中国服务贸易出口现状

2015 年，面对复杂的国内外形势和经济下行的压力，中国积极优化服务贸易结构，着力扩大高附加值服务出口，服务贸易呈现稳中有升的发展态势。全年服务贸易规模再创历史新高，进出口总额首次突破 7000 亿美元，继续稳居世界第二。

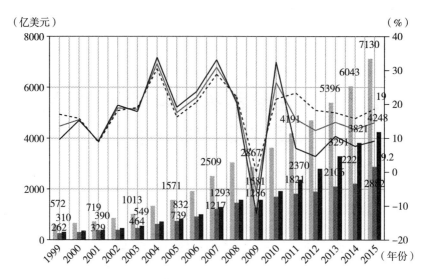

图 3 - 1 1999 ~ 2015 年中国服务贸易进出口、出口与进口总额

资料来源：《中国商务年鉴》、商务部服贸司网站。

从图 3 - 2 数据可以看出，第一，服务进出口总额占对外贸易比重提升。2015 年，中国服务进出口总额达 7130 亿美元，比上年增长 14.6%。

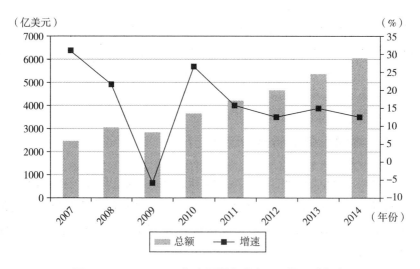

图 3 - 2 2007 ~ 2014 年中国服务进出口总额及增长率

资料来源：中国商务部网站。

其中，咨询、计算机和信息服务、文化服务、专有权利使用费和特许费
等高附加值服务进出口增幅分别为9.3%，22.1%，25.6%，64.9%。高
附加值服务贸易的快速增长培育了资本技术密集型企业，推进了科技进
步与创新，优化了贸易结构。第二，服务出口首次实现双位数增长。如
表3－1所示，2013年中国服务贸易出口额增长率达到10.6%。2015年，
中国服务出口明显提速。服务出口总额达2881.9亿美元，比上年增
长9.2%。[①]

表3－1　　　　　　　　2011~2015年中国服务出口情况

年份 \ 指标	出口额(亿美元)	比上年增长(%)
2011	1821.0	7.0
2012	1904.0	4.6
2013	2106.0	10.6
2014	2222.1	7.6
2015	2881.9	9.2

资料来源：商务部《中国服务贸易统计（2016）》数据表组。

三、中国服务贸易进口现状

根据商务部《中国服务贸易统计（2016）》数据表组，中国服务贸
易进口总额从1982年的19亿美元增长到2015年的4248.1亿美元，30
多年间增加200多倍。从表3－2可以看出，2009年全球金融危机使中国
服务贸易总额首次出现下降，但是近年来服务贸易总额占全球的比重却
不降反增，从2011年的6.1%上升到2015年的9.6%，服务进口也表现
出两位数以上的较快增长。

---

① 　资料来源：中国产业信息网，访问网址：http：//www.chyxx.com/data/201402/228795.
html。

表 3 - 2　　　　　**2011～2015 年中国服务贸易发展**　　　单位：亿美元、%

年份	服务进口额		
	金额	同比增长	占世界比重
2011	2370.0	23.33	6.10
2012	2801.0	18.20	6.80
2013	3290.0	17.50	7.60
2014	3821.3	15.80	8.10
2015	4248.1	18.60	9.60

资料来源：商务部《中国服务贸易统计（2016）》数据组；根据商务部综合司《2014 年中国服务贸易状况》与世界贸易组织网站数据计算得到。

第二节　总额贸易下中国服务贸易结构分析

一、中国服务贸易细分部门出口现状

图 3 - 3 反映了 2004～2014 年中国服务贸易细分部门的出口现状。可以看出，2004～2014 年间，在上述五个行业中，批发、零售、租赁和商务服务业的出口规模最大，且其发展迅猛。2009 年该行业的出口规模出现明显的下降，之后，其出口规模总体呈现平缓增长趋势；信息传输、计算机服务和软件业的出口规模总体呈现平稳增长态势（胡飞，2015）①。这一趋势反映出，2004 年以来，中国信息技术产业的国际竞争力处于不断增强之中，中国信息技术产业具有较大的出口潜力；与信息传输、计算机服务和软件业类似，中国金融业的出口水平亦处于逐步提升之中，并且后危机时代中国金融业出口规模的增长速度有所加快，但是，总体而言，中国金融业的出口规模仍然较小。最后，中国文体娱乐

---

① 胡飞. 服务业外商直接投资对中国服务贸易出口的影响—基于行业面板数据的实证研究［J］. 经济问题探索，2015（6）：71 - 75.

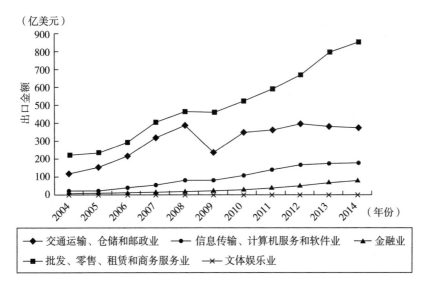

（亿美元）

图 3 - 3　2004 ~ 2014 年中国不同服务行业出口规模的变动趋势

业产品的出口规模很小，且发展速度较慢。考虑到中国文化资源十分丰富的现实情况，可以推断，文化产品将会成为未来中国服务贸易的新兴领域。

二、中国服务贸易细分部门进口现状

表 3 - 3 反映了 2002 ~ 2014 年中国服务贸易细分部门的进口现状。中国服务进口以传统服务贸易为主，现代服务贸易快速发展。传统服务贸易中旅游、运输、其他商业服务一直居于主导地位，占总进口的近 70% 。2010 ~ 2015 年，传统服务部门的进口占服务总进口的比重逐年下降，从 2010 年的 70% 下降到 2015 年的 51.9% 。现代服务部门的进口出现了较快的增长：保险、金融、咨询服务的进口比重增长较快，计算机及信息，专利使用费和特许费基本保持稳定水平。这在一定程度上反映出服务进口结构正在优化，随着中国服务业市场的进一步开放，金融、保险、咨询服务等处于劣势的现代服务部门将持续扩大进口。

表 3 – 3　　　　　　　　2002～2014 年中国服务进口的行业结构　　　　单位：%

年份 部门	2002	2003	2004	2005	2006	2007	2008	2009	2010	2011	2012	2013	2014
运输	29.3	33.0	34.3	34.2	34.3	33.5	31.9	29.5	32.9	33.9	30.6	28.7	25.2
旅游	33.1	27.5	26.7	26.2	24.2	23.0	22.9	27.6	28.6	30.6	36.4	39.1	43.1
通信	1.0	0.8	0.7	0.7	0.8	0.8	1.0	0.8	0.5	0.6	0.6	0.5	0.6
建筑	2.1	2.1	1.9	1.9	2.0	2.3	2.8	3.7	2.6	1.6	1.3	1.2	1.3
保险	7.0	8.3	8.6	8.7	8.8	8.3	8.1	7.1	8.2	8.3	7.4	6.7	5.9
金融	0.2	0.4	0.2	0.2	0.9	0.4	0.4	0.4	0.7	0.3	0.7	1.0	1.4
计算机及信息	2.4	1.9	1.7	2.0	1.7	1.7	2.0	2.0	1.5	1.6	1.4	1.8	2.2
专利使用费和特许费	6.7	6.4	6.3	6.4	6.6	6.3	6.5	7.0	6.8	6.2	6.3	6.4	5.9
咨询	5.7	6.2	6.6	7.4	8.4	8.4	8.6	8.5	7.9	7.8	7.1	7.2	6.9
广告宣传	0.9	0.8	1.0	0.9	1.0	1.0	1.2	1.3	1.1	1.2	1.0	1.0	1.0
电影音像	0.2	0.1	0.2	0.2	0.1	0.1	0.2	0.2	0.2	0.2	0.2	0.2	0.2
其他商业服务	10.6	11.7	11.8	11.3	11.2	14.1	14.6	11.9	8.9	7.7	7.0	6.3	6.2

资料来源：商务部《中国服务贸易统计2015》数据表组、世界贸易组织《2014 年世界贸易报告》。

三、中国服务贸易细分部门差额贸易分析

图 3 – 4 和图 3 – 5 反映了 1999～2015 年中国服务贸易细分部门的贸易差额现状。从贸易结构上看，根据商务部最新统计数据，2015 年出口部门从高到低分别为旅游 613.5 亿美元、咨询 487.3 亿美元、运输服务 386.2 亿美元、其他商业服务 355.5 亿美元、计算机和信息服务 224.2 亿美元和建筑服务 164.3 亿美元。进口部门从高到低分别为旅游 2381.36 亿美元、运输服务 872.5 亿美元、咨询 367.7 亿美元、其他商业服务 243.9 亿美元、专有权利使用费和特许费 261.3 亿美元、保险服务 80.1 亿美元。

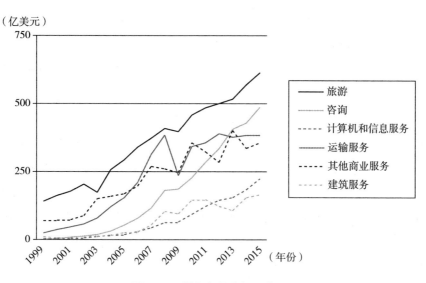

图3－4　服务贸易分行业出口

资料来源：《中国商务年鉴》。

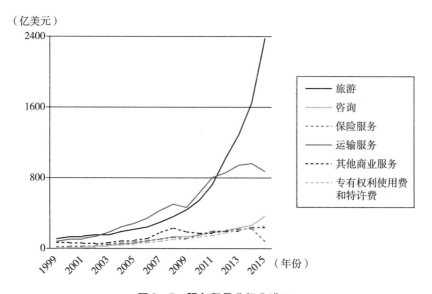

图3－5　服务贸易分行业进口

资料来源：《中国商务年鉴》。

近些年来中国服务贸易逆差不断扩大，2014 年差额为 – 1599 亿美元。但是 2015 年中国服务贸易进出口差额为 – 1366.2 亿美元，自 2010 年后首次出现逆差缩小。分部门来看，2015 年服务贸易各部门逆差从高到低分别为：旅游 – 1237.4 亿美元，运输服务 – 488 亿美元，专有权利使用费和特权费 – 209.1 亿美元，保险服务 – 30 亿美元。

从实现服务贸易顺差的各部门差额来看（见图 3 – 6 和图 3 – 7），计算机与信息服务超过咨询服务成为顺差第一大部门，2015 年顺差为 152.94 亿美元，是技术密集型顺差部门，主要得益于信息技术外包和软件研发出口。咨询服务顺差为 119.62 亿美元，包括法律、会计等专业服务。传统服务贸易部门实现顺差的有建筑服务与其他商业服务，2015 年建筑服务实现顺差，62 亿美元，其他商业服务顺差额为 119.62 亿美元。

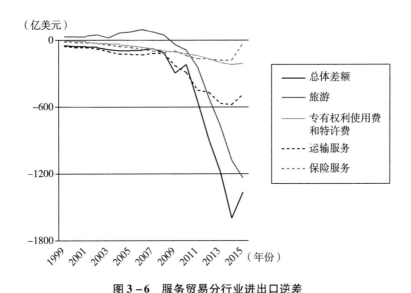

图 3 – 6　服务贸易分行业进出口逆差

资料来源：《中国商务年鉴》、商务部服贸司网站。

（亿美元）

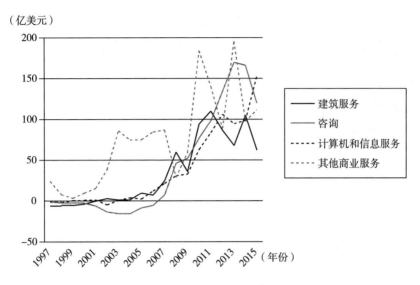

图 3 - 7　服务贸易分行业进出口顺差

资料来源:《中国商务年鉴》。

第三节　中国服务贸易国际化水平分析

一、中国服务贸易国际化水平定性分析

（一）国际化概念界定

随着全球经济一体化的发展,"国际化"这个词已经耳熟能详。无论是大中小型的各种企业还是银行、证券、保险等金融机构,国际化已成为 21 世纪必然的发展趋势。关于国际化的概念,国内外并没有形成一个统一的定义。如美国著名学者赖肖尔把国际化的定义广义的概括为"国际化是把世界作为一个共同体连接起来的国际现象"。而学者比米什（Beamish,1990）对国际化的定义则更为准确,他认为国际化是一个过程,在这个过程中,公司日益意识到国际交易对其未来的直接或间接影

响，并与其他国家建立并执行交易①。总之，无论怎样定义国际化，对于一个企业来说，国际化无非会带来以下三种改变：第一，是扩大了企业的产品市场，从原本的国内市场扩展到世界范围的国际市场；第二，是拓宽了企业的融资渠道，企业通过国际化可以在世界范围内筹资、融资，而不再仅仅局限在本国的范围内；第三，是国际化给企业带来了更加激烈的竞争和更加强大的竞争对手。

（二）国际化过程的目标设定

1. 国际化过程的早期目标

第一，以生产性服务业为突破口，带动服务业全面提升，推动服务贸易发展。服务业已成为世界经济中产出最大的部门，而生产性服务业亦成为服务业中增长最快的部门。生产性服务业在现代经济增长中具有重要地位，它不但是经济增长的后果，而且是现代经济增长的重要基础条件，对经济增长具有重要促进作用。服务业的产业能力实际决定了服务贸易的竞争能力。

第二，鼓励国内企业积极承接国际服务外包。中国应该把制造业乃至改革开放的经验，运用到承接服务业外包方面来，通过制度环境的改善，充分利用人力资本的优势，为外国发包企业提供优良的增值服务；充分利用外资在华不断增长的制造规模，通过其关联关系和互动机制，吸引服务业 FDI、技术和知识；抓紧制定鼓励服务业外包发展的政策和规制，营造发展服务业外包的政策平台。

2. 国际化过程的中期目标

第一，建立现代服务业技术创新体系，以现代服务业服务交互支撑为平台，支持服务贸易的发展。支持服务贸易链参与各方资源的整合，支持信息流、资金流、产品物流、政务流、商流的协同互动与优化重组。针对中国服务贸易企业中小企业占多数的特点，建立"扁平化"支撑服务体系，降低服务贸易企业信息化建设成本。

---

① Beamish P. The internationalization process for smaller Ontario firms：A research agenda. Research in global business management ［M］. JAI Press Greenwich，CT. 1990.

第二，形成不同层次间的促进主体的良好合作机制。服务贸易发展的促进要形成一个"体系"，贸易促进的服务主体要形成网络并且分工合理，形成合力。各个促进主体、几个不同层次间的职能、权责和所运用的主要促进手段应由法律、法规或国务院予以明确规定。政府商务主管机构、政府相关服务产业发展机构与半官方机构和民间社会机构之间，应形成较为有效的沟通渠道。由于服务贸易涉及面很广，在这种服务贸易促进体制模式中，要特别注重政府作用与民间作用的有机结合，促进方式要更为灵活、全面。

3. 国际化过程的后期目标

第一，研究制定高水平的全国和地方服务贸易发展规划。以世界眼光和全球战略思维研究和制定规划，根据近几年服务贸易规模速度显著扩大的实际，确定快于"十三五"期间发展的目标。建议到 2020 年，中国服务贸易进出口总额达到 1.2 万亿 ~ 1.5 万亿美元，年均增长 20% 以上，使服务贸易出口在中国对外贸易出口总额中的比重提高到 25% 以上，在世界服务贸易出口中的比重显著提高。与此同时，组织各地根据国家服务业发展主要目标，研究制定本地区服务业发展规划。

第二，研究制定更加优化的发展服务贸易指导目录。应该根据贸易结构调整的需要，抓紧细化、完善服务贸易发展指导目录，明确行业发展重点及支持方向。通过服务贸易产业指导，促进服务贸易结构不断优化，提高中国具有明显竞争优势的运输、旅游等传统劳动密集型服务贸易的水平，促进出口继续扩大。提高计算机信息服务、通信、保险、金融、文化创意、专有权使用费、特许费、咨询、广告等新兴资本技术密集型服务占中国服务贸易出口总额的比重。力争到"十三五"末期服务贸易达到进出口平衡，改变中国长期处于服务贸易逆差的局面。

（三）中国服务贸易国际化程度

改革开放以来，我国服务贸易增长较快，但从 1992 年以后处于逆差状态，并且服务贸易逆差绝对额不断扩大，2008 ~ 2014 年我国服务贸易逆差分别达 115 亿美元、295.07 亿美元、220 亿美元、545 亿美元、896

亿美元、1184.6 亿美元、1216.3 亿美元，在 2014 年出现改革开放以来的逆差最大值，为世界第一大服务贸易逆差国。特别是旅游、运输、特许权转让和专利等技术交易成为主要服务贸易逆差行业。

通过表 3-4 对我国服务业贸易竞争力指数分析发现，从 1992 年开始，我国服务贸易总体贸易竞争力指数为负，表明我国服务贸易国际竞争力一直较弱。虽然我国服务贸易增长较快，但服务贸易全球化指数较低。同时，通过对中国、韩国、印度、中国香港等国家和地区服务贸易显示性比较优势指数（RCA）对比发现，我国服务贸易 RCA 指数始终处于 0.8 之下，表明我国服务业国际化程度较低。

表 3-4   我国服务贸易竞争力指数   单位：亿美元、%

年份	2000	2005	2006	2007	2008	2009	2010	2011	2012	2013
服务贸易出口	301.00	739.00	914.00	1217.00	1464.00	1286.00	1702.00	1820.00	1904.40	2105.99
服务贸易进口	359.00	832.00	1003.00	1293.00	1580.00	1581.00	1922.00	2365.00	2801.40	3290.50
差额	-58.00	-93.00	-89.00	-76.00	-116.00	-295.00	-220.00	-545.00	-897.00	-1184.50
服务贸易竞争力指数	-0.088	-0.059	-0.046	-0.030	-0.038	-0.103	-0.061	-0.130	-0.190	-0.220
中国服务贸易开放度	5.48	6.92	7.02	7.12	6.67	5.67	6.00	5.58	5.56	5.68
中国服务业出口开放度	2.50	3.26	3.35	3.45	3.21	2.54	2.82	2.43	2.25	2.22
中国服务业进口开放度	2.98	3.67	3.67	3.67	3.46	3.12	3.18	3.16	3.31	3.47

资料来源：根据商务部公布数据测算。

（四）中国服务贸易国际化发展趋势

服务贸易是我国改革开放的重点领域，也是加快转变经济贸易发展方式的主要突破口。尤其是党的十八大召开以来，服务业开放与服务贸易发展受到党中央、国务院的高度重视。《国务院关于加快发展服务贸易的若干意见》的出台具有深刻的时代背景。

一是服务产业进入改革开放加速期。当前，全面深化改革的重点和关键在于服务业，而通过扩大和深化服务业开放，以开放倒逼服务业改革，成为推动当前和今后一个时期我国服务业和服务贸易体制机制和政策变革的必然选择。党的十八大召开以来，政府职能转变、简政放权，推动设立国内自由贸易试验区，以及对外签署自由贸易协议等途径，大大加快了服务业的改革与开放步伐。① 毫无疑问，2015 年以来，在中国经济进入新常态背景下，服务业的改革开放将进入加速期，一系列重大而艰巨的改革开放任务将由此展开。

二是服务贸易发展进入政策红利期。近年来，国务院数次召开常务会议，专门研究服务业和服务贸易发展问题，出台了一系列支持服务业和服务贸易发展的政策文件。尤其是进入 2014 年以来，国务院密集出台了促进服务业发展的规划、意见、通知等，涉及的行业和领域至少包括旅游、养老服务业、健康服务业、生产性服务业、保险服务业、海运业、物流业、体育产业、科技服务业、服务外包产业等十多个行业，从不同侧面指出了相关领域服务业发展的重点方向和业态，从财政、税收、金融、贸易等领域都提出了一些支持措施。可以说，我国服务业和服务贸易的发展迎来了政策红利期。2014 年 12 月 24 日，国务院公开发布了《关于促进服务外包产业加快发展的意见》，对今后一个时期服务外包产业发展作出了具体部署，并在增加服务外包示范城市数量、设立国际服务外包产业引导基金、减免税收等方面提出了实质性政策利好。

二、中国服务贸易国际化水平定量分析

（一）国际市场占有率指数

国际市场占有率指数（IMS，International Market Share Index）用于反映该产业的国际竞争力，是指一国的某一产业在全球市场上所占的份额。其计算公式如下：

---

① 资料来源：商务新闻网，访问网址：http：//epaper. comnews. cn/news－1097800. html。

$$M_i = EX_i / \sum EX \qquad (3-1)$$

其中，M_i代表i产业的国际市场占有率，EX_i代表一国该产品或产业的出口额，$\sum EX$代表该产业的世界出口总额。

如图3-8所示，2015年中国服务贸易国际市场占有率为6.15%，除了2009年因为世界金融危机影响而下跌外，自2000年开始一直逐年提升，较2000年的2%增加了1.3倍，世界排名也上升到2015年的第二位，国际竞争力不断增强。

但是相比世界其他国家和地区，中国服务贸易整体国际竞争力还有待加强。中国自2010年起，国际市场占有率排名世界第四，仅次于美国、英国和德国，但是与前三位还有较大差距，服务贸易国际占有率具有较大提升空间。

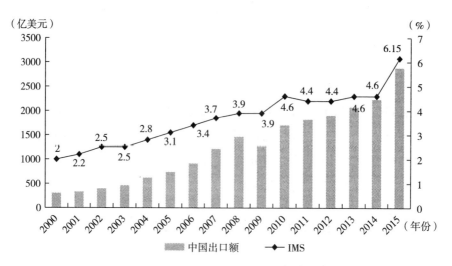

图3-8　2000~2015年中国服务贸易IMS指数与出口金额

资料来源：WTO国际贸易统计数据库。

（二）显示性比较优势指数

本章用显示性比较优势指数（RCA）来测算中国服务贸易比较优势。

RCA 指数被广泛用于衡量一国某一产业是否具有国际竞争力（巴拉萨，1965）[1]，具体计算公式为：

$$RCA_k^i = \cfrac{\cfrac{EX_k^i}{\displaystyle\sum_{k=1}^{N} EX_k^i}}{\cfrac{\displaystyle\sum_{i=1}^{G} EX_k^i}{\displaystyle\sum_{k=1}^{N}\sum_{i=1}^{G} EX_k^i}} \qquad\qquad (3-2)$$

其中，RCA_k^i 表示第 i 国第 k 个部门的显示性比较优势指数，（i = 1，2，…，G；k = 1，2，…，N），EX_k^i 表示第 i 国第 k 个部门的制造业出口额。当 RCA 小于 0.8 时，则可认为该国该产业的国际竞争力非常弱；当 RCA 介于 0.8 ~ 1.25 之间时，说明该国该产业国际竞争力较弱；当 RCA 介于 1.25 ~ 2.5 之间时，表明该国该产业国际竞争力较强；当 RCA 大于 2.5，表明该国该产品具有极强的国际竞争力。

由图 3 - 9 可知，2000 ~ 2015 年中国服务贸易 RCA 指数介于 0.4 ~ 0.6 之间，2010 ~ 2014 年总体呈下降趋势，结合国际市场占有率指数分析，可以发现，服务贸易规模在不断扩大，但是相对于全球市场而言，竞争力在削弱，呈现大而不强的特征。主要原因是由于中国服务贸易中占比较大的仍然是旅游服务、建筑服务、运输服务等传统服务贸易部门，技术附加值含量较低，而一些高技术附加值部门逆差较大，例如专有权利使用费和特许费、金融服务、保险服务等逆差呈逐年增大的趋势，导致中国服务贸易总体比较优势下降。

而 2015 年 RCA 逆势增长，由 0.42 扩大到 0.51，较 2014 年出现较大幅度增长，一方面由于中国服务业占 GDP 比重不断扩大，国内服务业支撑服务贸易出口额增长，逆差减少；另一方面，在互联网等新兴技术的带动下，计算机与信息服务贸易等高附加值服务部门快速增长，提高

---

① Balassa, Bela.. Trade Liberalisation and "Revealed" Comparative Advantage ［J］. General & Introductory Economic, 1965, 33 (2), 99 - 123.

了中国服务贸易整体比较优势。

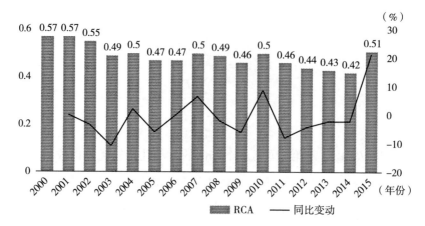

图3-9 2000~2015年中国服务贸易RCA指数

资料来源：《中国统计年鉴》、WTO国际贸易统计数据库。

第四节 中国服务贸易发展存在的问题

一、中国服务贸易总体存在的问题

（一）服务业开放度不足导致要素流动性低

TISA谈判于2011年被发起后，参与谈判的各国逐渐就金融、保险、证券、电信等领域放开对外资持股比例或经营范围的限制。中国虽然已经加入TISA谈判，服务业开放度得以提升，但大部分细分部门的准入门槛依然很高。

本章用基于STRI的开放度来测算中国服务贸易开放度具体参见表3-5。服务贸易限制性指数（Services Trade Restrictions Index，STRI）是由服务贸易限制数据库发布的全球103个国家的服务贸易政策限制程度，指数达到60以上属于开放度较高，介于40~60之间属于中等开放度，40以下属于开放度较低。

表 3 – 5　　基于 STRI 的中国服务贸易各细分部门开放度指数

部门			总体	跨境交付	商业存在	自然人移动
总体			63.4	60.78	62.73	25.00
金融			65.2	28.23	68.54	
	银行		67.5	25.00	75.00	
		银行贷款	71.2	50.00	75.00	
		银行存款	63.7	0.00	75.00	
	保险		61.7	33.33	58.33	
		车辆保险	45.0	0.00	50.00	
		人身保险	45.0	0.00	50.00	
		再保险	95.0	100.00	75.00	
通信			50.0		50.00	
	固网通信		50.0		50.00	
	移动通信		50.0		50.00	
零售			75.0		75.00	
交通			80.7	62.50	77.78	
	国内航空				50.00	
	国际航空		32.5	25.00	50.00	
	国际海运		85.0	100.00	50.00	
	海运辅助		75.0		75.00	
	国内公路货运		100.0		100.00	
	国内铁路货运		100.0		100.00	
专业服务			34.0	100.00	30.00	25.00
	会计和审计		55.0	100.00	50.00	37.50
		会计	60.0	100.00	50.00	50.00
		审计	50.0	100.00	50.00	25.00
	法律		20.0	100.00	16.67	16.67
		国际法律咨询	60.0	100.00	50.00	50.00
		国内法律咨询	0.0		0.00	0.00
		法庭法律陈述	0.0		0.00	0.00

注：开放度指数计算公式为：100—对应部门的 STRI，STRI 数据包括除境外消费以外的服务贸易其他三种提供方式：跨境交付、商业存在和自然人移动。

资料来源：Services Trade Restrictions Database，the World Bank.

结果如表3－5所示。中国服务贸易总体开放度为63.4。其中，三种贸易模式中，商业存在的开放度最高，达到62.73，跨境交付模式的开放度也超过了60，属于开放度较高模式，但是自然人移动的开放度仅为25，说明虽然自然人流动由于经常受到国家保护限制，属于开放度较低的模式，应当进一步降低对自然人移动模式的限制，提高服务贸易自由化程度。

从服务贸易部门角度出发，中国交通、零售和金融业开放度指数超过60，且均大于服务贸易总体开放度指数。通信业的开放度指数在40～60之间，而由于中国对于审计、法律等专业服务部门限制较多，这些专业服务部门开放度低于40。

以上海自贸区为例，《中国（上海）自由贸易试验区外商投资准入特别管理措施（负面清单）（2014年修订）》对外商投资服务业市场准入的限制活动数有所下降，由104项降为94项，降幅约为9.6%。其中，交通运输、仓储和邮政业与科学技术服务业的开放幅度较大。但是，上海自贸区仍然距离开放度最高的自贸区仍有较大差距。尤其是对于资本项目的开放程度还不够，并且对服务贸易的管理措施透明度还有待进一步提高，一些关键性领域的开放尚未得到体现，限制了服务贸易所承载的生产要素自由流动，资源不能实现最优配置。

中国服务贸易开放度不足还体现在目标市场定位不明上。与货物贸易已经形成欧盟、东盟、北美等重要市场不同，服务贸易长期以来其重要作用没有得到重视，中国企业与政府对服务贸易的国际市场定位规划不甚清晰。中国服务贸易要深度融入国际市场还应当充分审视服务贸易的比较优势与不同地区贸易伙伴国的服务业结构梯度，找到主要的目标市场，配合"一带一路"倡议，有重点、有梯度、有顺序地扩大服务贸易开放度。

（二）服务贸易与货物贸易协调性不足

目前，从贸易形式来看，中国对外贸易更加凸显货物贸易顺差和服务贸易逆差长期共存的特征。首先，从贸易总量上看（图3－10），中国货物贸易始终维持世界第一大贸易国的地位,并且持续实现贸易顺差,与此同时,服务贸易逆差也在不断扩大。根据商务部数据显示,2007～2013年,服务贸易逆差年均增长58%,而截至2014年,我国服务贸易逆差已达到1599.2亿美元。传统观点认为造成这一现状的原因在于中国服务业在国际市场竞争力不足,以及"中国制造"在转型升级中需要进口更多高端生产性服务。(陆锦周和汪小勤,2009)①

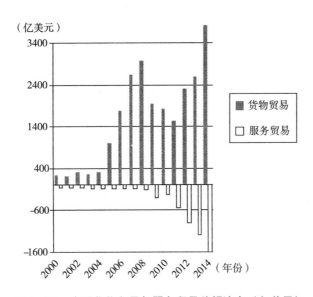

图3－10　中国货物贸易与服务贸易差额演变(亿美元)

资料来源:2000～2014年数据来源于《中国商务年鉴》,2014年数据来源于商务部网站,http://www.mofcom.gov.cn/。

　　其次,从贸易结构上看,中国货物贸易结构差异逐渐缩小,但是服务贸易结构差异呈现扩大趋势。图3－11显示了度量中国货物贸易与服务贸易结构差异的泰尔指数(Theil Index),泰尔指数也称为泰尔熵标准,

---

　　① 陆锦周,汪小勤.全球服务贸易与货物贸易发展的协同性分析 [J].国际贸易问题,2009 (3):85–91.

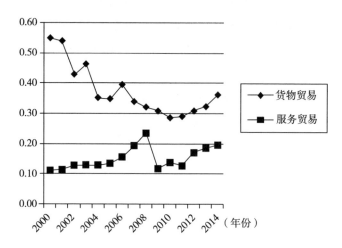

图 3 – 11　中国货物贸易与服务贸易差额结构 Theil 指数

资料来源：2000～2014 年数据；来源于《中国商务年鉴》，2014 年货物贸易结构数据来源于《海关统计 201412》，2014 年服务贸易结构数据来源于商务部综合司。

被文献广泛用于度量行业或区域间结构的差异程度，指标介于 0～1 之间，泰尔指数越小代表各贸易细分部门之间的贸易差额差异越小。如图 3 – 11 所示，2000～2014 年间，中国货物贸易各细分部门贸易差额之间的差异不断缩小，但是，服务贸易内部结构差异则不断扩大，表明中国服务贸易结构仍然存在失衡，各细分部门发展速度有显著差异。并且服务贸易中的旅游贸易逆差居各类服务之首，运输服务、专有权利使用费和特许费、保险服务继续成为逆差主要来源，这一现状似乎印证了上述中国服务贸易的国际竞争力较弱的传统观点。

在中国经济进入新常态的大背景下，原来驱动对外贸易出口规模快速增长的低成本要素逐渐边际效用递减，贸易增长趋势减缓，因此迫切需要找到支撑对外贸易转型的新途径。本章试图解决以下两个问题：服务贸易与货物贸易能否从结构上协调发展？什么是支撑新常态下货物贸易与服务贸易结构转型与升级的新型动力？现有大部分文献都支持一国服务贸易对货物贸易的促进作用，但关于贸易规模增长却出现了两大分歧，即总量上相互促进以及差额上互补。同时，小部分文献认为基于一国比较优势，在货物贸易上具有比较优势的国家很难同时获得服务贸易的比较优势，因此认为货物贸易和服务贸易发展呈现此消彼长的关系。但梅尔文（Melvin，1989）和弗朗索瓦（Francois，1990）认为货物贸易与服务贸易是能够相互促进与协调发展，因为从理论上来说，一国在具有比较优势的货物贸易上取得发展之后，势必会扩大对该国生产性服务贸易的引致需求，从而扩大该国服务贸易规模，但这一观点也尚未得到经验研究的证实①②。出现这些分歧的主要原因在于，众多学者的研究均将一国货物贸易与服务贸易看成一个整体，没有从结构角度寻找货物贸易与服务贸易协调发展的内在机制和关键驱动因素。

服务业与制造业之间具有密切的关联关系。一方面，根据"生产性服务投入——制造业生产"的区域性生产网络理论，生产性服务在创新能力、智力资本等方面具有传统货物贸易无法比拟的绝对优势，而这些特征恰好是中国贸易结构升级的必备条件。另一方面，一国货物贸易的规模扩大与结构优化将提升把生产性服务设施作为公共物品的需求，除了专门适用于某些特定行业的服务设施之外，适用于绝大多数货物贸易部门的低成本生产性服务设施，将很容易从一个部门向另一个部门溢出，从而带动贸易结构升级，贸易成本降低。

由此可见，货物贸易竞争力对服务贸易的关联效应和支撑作用至关重要，但是中国货物贸易始终面临在全球价值链低端徘徊的局面。自从2010年超过美国成为全球第一大制造业大国以来，截至2015年，中国工业占 GDP 比例达到35.9%，较其他国家相比，整体比重过大。而且长期以来，中国货物贸易以传统的高投入、高耗能、高污染为特征的粗放发展方式为特征，长期偏低的劳动生产率不但制约货物贸易的贸易结构升

---

① Melvin, J. R. Trade in Producer Services: A Heckscher-Ohlin Approach [J]. *Journal of Political Economy*, 1989, 5 (97), 1180 – 1196.

② Francois J. , Trade in Producer Services and Returns due to Specialization under Monopolistic Competition [J]. Canadian Journal of Economics, 1990, 23 (1): 109 – 124

级，同时也限制了服务贸易的发展空间。如何使货物贸易与服务贸易协同发展应当成为中国亟待解决的问题。

（三）服务拉动内需增长作用并未完全显现

中国居民消费水平滞后于经济发展水平，是由于中国长期采取重投资轻消费的经济驱动模式。中国现处于中等偏上收入国家水平，2015 年中国人均 GDP 超过 8000 美元，较 2010 年增长将近一倍，中国居民收入脱离温饱水平，不断向以发展和享受的小康水平迈进。随着中国中等收入居民规模不断扩大，中高端消费需求快速增长，消费结构升级趋势明显，居民需求将向高端服务业迈进，消费分层化、个性化、多样化特征日趋明显。随着云计算、大数据、移动互联和物联网等"互联网＋"新技术的普及，人们对于跨境电子商务、互联网金融、国际快递等服务贸易新业态的需求将不断提高，智能消费和以网购为代表的互联网消费持续释放红利。但从现阶段中国居民消费水平来看，服务贸易对于内需的带动作用并未完全显现。

（四）服务业高级人才匮乏

服务业与制造业在生产要素方面最大的区别在于，现代服务业的核心要素在于人力资源，并且是接受了高等教育，拥有高端知识与技术的高级人力资源。但是，在现代服务业发展过程中，中国在国内人才培养上却一直存在三大主要矛盾亟待解决。

1. 高校人才培养质量与服务业发展需求之间的矛盾

现代服务业属于人力资本和技术密集型产业，对具有专业背景的精英型人才的需求量极大。然而，作为高等人才的主要培养部门，中国高校却陷入盲目追求扩张规模，求全求大的恶性竞争，反而忽略了现代服务业和现代服务贸易独有专业人才培养优势，及服务贸易重点学科建设和精细化专业服务人才的职业训练。

2. 政府主导培养目标与市场需求之间的矛盾

中国的人才培养教育目标的制定主体是教育部门，性质是由政府按照招生计划主导实施，由于行政指令的调整总是落后于市场，使得中国培养的服务业人才素质总是落后于人才需求市场的动态变化，使人才社会市场需求与国民高等教育人才培养阶段、专业调整、课程设计、招生计划、人才培养方案拟定都不同程度地存在严重脱节。

3. 中国服务业产业结构升级与人才的自主创新能力之间的矛盾

中国服务业在国际劳动分工中长期处于技术附加值较低的环节，缺乏创新的意识与机会，这一现状也制约了人才发展，使得中国极其缺乏有创新意识的高端服务贸易人才，然而高素质人才的匮乏显然对中国在全球经济一体化的竞争中进一步提升服务贸易国际竞争力有很大消极影响。

二、中国服务贸易出口存在的问题

（一）服务贸易逆差进一步扩大

2015 年，中国服务贸易逆差由上年的 897 亿美元扩大至 1366.2 亿美元，同比下降 14.6%。尽管在咨询、计算机和信息服务、建筑服务领域分别实现 151.8 亿美元、155.9 亿美元、62 亿美元的顺差，但在旅游、运输服务、专有权利使用费和特许费、保险服务领域存在较大数额逆差，逆差额分别为 1237.4 亿美元、488.8 亿美元、209.1 亿美元和 30 亿美元[①]。

（二）服务贸易区域发展极不平衡，出口市场主要集中在发达国家和地区

由于服务贸易的特殊性，中国服务贸易主要集中在沿海发达地区、中国香港和少数发达国家。从出口看，香港地区为我国服务贸易第一大出口市场。各地区发展非常不平衡。2012 年，中国香港、欧盟（27 国）、美国、东盟和日本为我国前五大服务贸易伙伴。我国与上述国家（地区）实现的服务进出口额超过 3100 亿美元，占我国服务进出口总额的近2/3。与"一带一路"国家的服务进出口总额达 607.4 亿美元，同比增长

---

① 　资料来源，中国商务部《中国服务贸易统计报告 2016》

7.6%，占我国服务进出口总额的 12.9%，比上年略有缩减。①

（三）服务贸易的发展以传统的服务贸易为主，明显滞后于货物贸易的发展

中国服务贸易主要集中在传统服务业上。近年来，中国运输服务出口占比呈现逐步上升势头，旅游服务出口比重略有下降，但仍占最大比重。2015 年，运输服务、旅游出口分别为 383 亿美元和 569.1 亿美元，分别是 2000 年的 10.44 倍和 3.51 倍。运输服务占比上升到 17.7%，比 2000 年增加了 5.5 个百分点；旅游服务出口占比为 25.6%，比 2000 年下降了 28.2 个百分点。二者合计占出口的 43.3%，而在全球服务贸易量最大的金融、保险、通信、咨询等技术密集型和知识密集型行业，仍处于初级发展阶段，具体数据见表 3－6。

三、中国服务贸易进口存在的问题

（一）中国传统服务部门比较优势逐步减弱

逆差额呈现逐年扩大的趋势，随着货物贸易的迅猛发展，运输服务需求量不断增加，中国运输部门尤其是航空运输在质量和价格方面与欧美一些大运输公司相比还有较大差距。

（二）中国现代服务部门长期处于价值链低端

现代服务产品的需求迅速扩大，而中国在这些行业的发展还处于起步阶段，无法满足日益扩大的需求，大力发展资本密集型、技术和知识密集型的现代服务业不仅是应对国际服务业对中国服务业冲击的需要，也是满足中国服务业发展的需要。这种现象肯定会制约我国今后的国际服务贸易向技术、知识密集型转变。

---

① 资料来源：根据国家外汇管理局历年公布的《中国国际收支平衡表》BOP 数据。

表3-6 近年中国服务贸易出口分类表

单位：亿美元

年份		总计	运输服务	旅游	通信服务	建筑服务	保险服务	金融服务	计算机信息服务	专有权利使用费和特许费	咨询	广告、宣传	电影、音像	其他商业服务
2011	金额（亿美元）	1820.9	355.7	484.6	17.3	147.2	30.2	8.5	121.8	7.4	283.9	40.2	1.2	322.8
	比上年增长（%）	7.0	4.0	5.8	41.5	1.6	74.7	-36.2	31.6	-10.5	24.7	39.3	-0.1	-9.3
	占比	100.0	19.5	26.6	0.9	8.1	1.7	0.5	6.7	0.4	15.6	2.2	0.1	17.7
2012	金额（亿美元）	1904.4	389.1	500.3	17.9	122.5	33.3	18.9	144.5	10.4	334.5	47.5	1.3	284.2
	比上年增长（%）	4.6	9.4	3.2	3.7	-16.8	10.3	122.5	18.6	40.1	17.8	18.2	5.9	-12.0
	占比	100.0	20.4	26.3	0.9	6.4	1.7	1.0	7.6	0.5	17.6	2.5	0.1	14.9
2013	金额（亿美元）	2105.9	376.5	516.6	16.7	106.6	40.0	29.2	154.3	8.9	405.4	49.1	1.5	401.0
	比上年增长（%）	10.6	-3.2	3.3	-6.9	-13.0	20.0	54.2	6.8	-14.8	21.2	3.3	13.2	41.2
	占比	100.0	17.9	24.5	0.8	5.1	1.9	1.4	7.3	0.4	19.3	2.3	0.1	19.1
2014	金额（亿美元）	2222.1	383.0	569.1	18.1	154.2	45.6	46.0	183.6	6.3	429.0	50.0	1.8	335.4
	比上年增长（%）	7.6	1.7	10.2	8.9	44.6	14.1	57.8	19.0	-29.4	5.8	1.9	22.3	-7.1
	占比	100.0	17.7	25.6	0.8	7.1	2.1	2.1	8.5	0.3	19.8	2.3	0.1	15.5

资料来源：1997~2013年数据来源于《中国服务贸易统计2014》，2014年数据来源于商务部综合司《2014年中国服务贸易状况》。

第四章 增加值贸易下中国服务贸易发展现状分析

第一节 中国生产性服务贸易全球价值链特征

一、数据来源

本章所用数据来源于 UIBE 全球价值链指数，它是基于 2016 年世界投入产出数据库（WIOD），经 R 软件分解测算得到。WIOD（2016 版）涉及 2000～2014 年 15 年间、涵盖 28 个欧盟国家和 15 个主要国家以及其他国家。其行业划分根据《国际标准产业分类》，囊括 56 个行业，其中 C1 到 C26 为制造业，其他为服务业。

二、生产性服务贸易中各类增加值创造活动在经济周期中的占比变化

基于以上理论以及过去 15 年数据，本章绘制了我国生产性服务贸易中各类增加值创造活动在生产性服务业总增加值中占比变化。

如图 4-1 所示，在 2000～2014 年中有两个比较重要的时间节点：一是 2000～2001 年互联网泡沫破灭；二是 2008～2009 年全球金融危机的出现。这两个时间节点把过去 15 年（2000～2014 年）划分为了 4 个时间段（互联网泡沫破灭阶段、经济恢复阶段、全球金融危机阶段以及

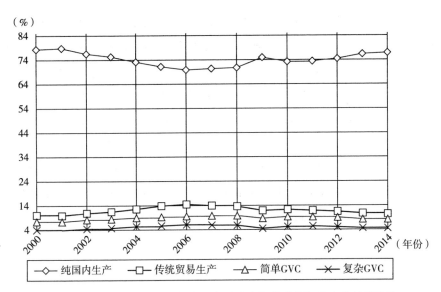

图 4-1 生产性服务业中各类生产活动在行业总增加值中的份额变化

资料来源：UIBE 全球价值链指数，基于 2016 年世界投入产出数据库（WIOD）计算。

经济复苏阶段）。由图 4-1 可以看出，生产性服务业中传统贸易生产、简单 GVC 和复杂 GVC（统称贸易相关活动）具有相同的变化趋势，且贸易相关活动与纯国内生产活动具有相反的变化趋势。在图 4-1 中，由于 GVC 生产活动可以分解为简单 GVC 和复杂 GVC，所以二者在 GVC 中的占比之和恒为 1，变化趋势相反。

2000~2001 年互联网泡沫破灭使全球化受挫，生产性服务业中纯国内生产略微增加，传统贸易生产、简单 GVC 和复杂 GVC 生产活动都出现下滑之势。

2001 年末中国加入世界贸易组织，而且全球经济逐渐恢复，全球化趋势逐渐复苏，2003 年以后全球化进程加速。生产性服务业纯国内生产活动份额逐渐下降，跨境全球价值链生产活动（简单 GVC 和复杂 GVC）份额大幅上升，此趋势一直延续到 2008 年。

2008~2009 年的全球金融危机对全球化造成了重创，全球化进程受阻，体现为生产性服务业中纯国内生产份额大幅上升，而贸易相关活动（传统贸易生产、简单 GVC 和复杂 GVC）份额逐渐下降。

与 2001 年以后不同的是，金融危机后全球化复苏的时间很短暂，只有 2009～2010 年间，生产性服务业中贸易相关活动份额有所上升，2010 年后生产性服务业纯国内生产活动份额不断攀升，跨境全球价值链活动份额下降，这导致了复杂全球价值链生产长度的下降（图 4-2）。杜大伟和里斯（Dollar 和 Reis，2017）认为，全球化进程有倒退迹象这主要源于全球生产结构的变化三个因素有关①。（1）金融危机爆发后，全球范围内贸易保护主义抬头；（2）新兴经济体逐步使用国产中间品代替进口品，国内价值链加长，并实现全球价值链的升级，跨境生产可能减少；（3）技术创新回流使得发达经济体国内分工不断深化。

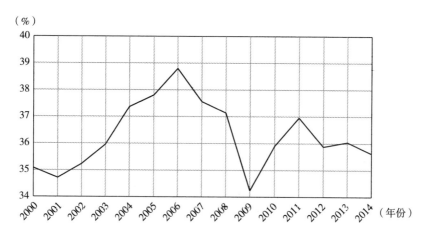

图 4-2 生产性服务业中复杂 GVC 生产活动在 GVC 总生产中的占比

资料来源：UIBE 全球价值链指数，基于 2016 年世界投入产出数据库（WIOD）计算。

三、生产性服务 GVC 生产活动是全球化进程的直接反映

根据生产性服务业中不同类型的增加值创造活动名义年增长率在两个经济增长和两个衰退阶段的变化，见图 4-3。

---

① David Dollar, José Guilherme Reis, 王直. 全球价值链发展报告（2017）——全球价值链对经济发展的影响：测度与分析 [M]. 北京：社会科学文献出版社，2017.

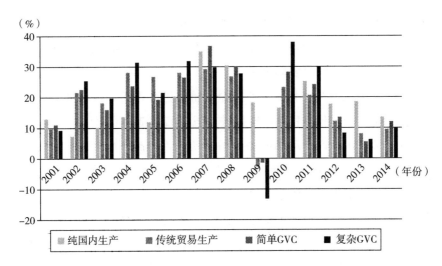

图4-3 生产性服务业中各类增加值的名义年增长率

资料来源：UIBE 全球价值链指数，基于2016年世界投入产出数据库（WIOD）计算。

由图4-3和图4-4可以看出，在2001~2008年间，生产性服务业中各类增加值的增速尽管在某些时段小有下降，但整体大幅上涨，尤其是其中的跨境全球价值链生产活动，又以复杂全球价值链为甚。而在

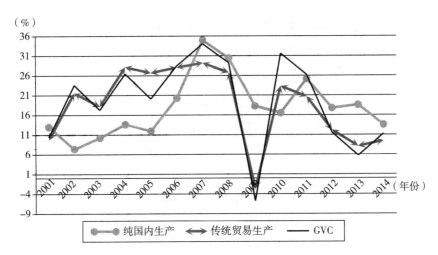

图4-4 生产性服务业中各类增加值的名义年增长率

资料来源：UIBE 全球价值链指数，基于2016年世界投入产出数据库（WIOD）计算。

2008～2009 年间各类贸易相关增加值都出现负增长，其中以复杂 GVC 为甚，纯国内生产活动的增加值增速也稍有下降。与金融危机相比，互联网泡沫的破裂影响明显要弱很多。

2009～2011 年生产性服务业中全球价值链生产活动的增加值增速迅速提高，生产全球化进程也迅速推进。但 2012 年起各类增加值增速都略显疲态，纯国内生产活动的增加值增速跃升为最高，尽管增速缓慢；简单 GVC 生产活动的增长速度超过复杂 GVC 生产活动的增长速度。这都与互联网泡沫破灭后经济复苏时期不同。

另外，可以观察得出无论是经济衰退还是经济复苏，生产性服务业中的全球价值链生产活动都是衰退或复苏最快的部分，尤其是复杂 GVC 生产活动。而 GVC 生产活动的状态是生产全球化进程的直接表征。

第二节　中国生产性服务贸易垂直化结构动态剖析

表 4-1 反映了 2000～2014 年间我国生产性服务贸易在总出口分解中的结构。PDC（一国中纯重复计算部分）出现于中间贸易品在不同国家间多次跨境时。本章通常用 PDC 在 VS（一国总出口中的国外价值）中的比例来描述跨境生产分工的深度，比例上升则表明跨境次数不断增多，进而表明生产分工的深化。所以剖析我国生产性服务贸易垂直化结构及其变化态势可以度量跨境生产分工的类型与深度，进而分析分工程度的主要影响和驱动因素。另外研究 VS 结构，可以更全面把握全球价值链相关信息，更好的理解行业在全球价值链中的位置与发展趋势。

表 4-1　　　　2000～2014 年我国生产性服务贸易垂直化结构

	后向联系计占总出口比例				VS 在出口中的比例 VSS	PDC 在 VS 中的比例
	DVA&VAX_B	RDV	FVA	PDC		
2000	87.94%	1.45%	8.06%	2.55%	10.61%	24.05%
2001	88.52%	1.39%	7.67%	2.41%	10.09%	23.94%

续表

	后向联系计占总出口比例				VS 在出口中的比例 VSS	PDC 在 VS 中的比例
	DVA&VAX_B	RDV	FVA	PDC		
2002	87.79%	1.42%	8.12%	2.68%	10.80%	24.79%
2003	86.39%	1.46%	9.01%	3.14%	12.15%	25.87%
2004	84.91%	1.36%	10.14%	3.59%	13.73%	26.14%
2005	84.92%	1.24%	10.10%	3.73%	13.83%	27.00%
2006	84.58%	1.20%	10.29%	3.93%	14.21%	27.62%
2007	84.49%	1.07%	10.42%	4.02%	14.44%	27.82%
2008	85.82%	1.09%	9.53%	3.56%	13.09%	27.19%
2009	88.56%	1.24%	7.57%	2.63%	10.19%	25.77%
2010	87.25%	1.57%	8.02%	3.16%	11.18%	28.26%
2011	87.01%	1.87%	7.88%	3.25%	11.13%	29.18%
2012	87.95%	2.07%	7.06%	2.92%	9.98%	29.26%
2013	88.33%	2.10%	6.74%	2.82%	9.56%	29.49%
2014	89.45%	2.01%	6.02%	2.51%	8.53%	29.42%

资料来源：UIBE 全球价值链指数，基于 2016 年世界投入产出数据库（WIOD）计算。

由图 4-5 可以看出 PDC 在 VS 中的比例总体上呈不断上升趋势，但 2000~2001 年（互联网泡沫破灭）以及 2008~2009 年（全球金融危机）时期比例有所下降，这和本章之前各类增加值创造活动的周期变化相吻合。VSS（VS 在总出口所占的比重）在 2008 年之前主要呈上升趋势，它的增加主要原因可能在于 PDC 比例的上升，PDC 比例上升也表示生产链长度增加以及多次跨境的中间品服务贸易日益增多，然而 2009 年以后 VSS 变得稳定甚至略有下降趋势。

另外，随着我国生产性服务贸易中 PDC 比例上升，表示跨境生产分工的深化，以及跨境次数的上升，这也说明中国不断向全球价值链上游移动。

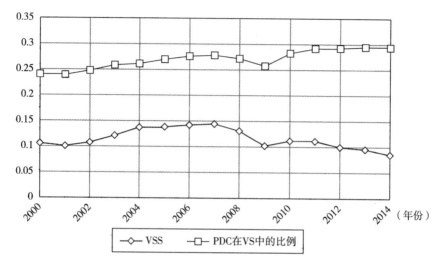

图4-5　我国生产性服务贸易垂直专业化的结构

资料来源：UIBE 全球价值链指数，基于2016 年世界投入产出数据库（WIOD）计算。

第三节　我国生产性服务贸易的价值链指数测算结果

一、生产长度指数测算结果分析

本章将2000～2014 年的各类前向生产长度指标数据制表，可得表4-2。

表4-2　　2000～2014 年我国生产性服务业各类前向生产长度指标

	Plv	Plv_D	Plv_RT	Plv_GVC	Plv_GVC_S	Plv_GVC_D	Plv_GVC_F	Plv_GVC_C
2000	2.93	2.74	3.10	4.83	4.38	7.18	5.67	6.42
2001	2.89	2.70	3.09	4.82	4.38	7.15	5.63	6.39
2002	2.86	2.65	3.02	4.77	4.33	6.95	5.54	6.25
2003	2.82	2.56	3.01	4.77	4.31	6.94	5.52	6.23
2004	2.82	2.52	2.98	4.83	4.33	7.02	5.57	6.30

	Plv	Plv_D	Plv_RT	Plv_GVC	Plv_GVC_S	Plv_GVC_D	Plv_GVC_F	Plv_GVC_C
2005	2.94	2.60	3.11	5.02	4.50	7.33	5.78	6.55
2006	2.96	2.61	3.05	5.00	4.45	7.28	5.77	6.52
2007	2.97	2.63	2.98	4.89	4.34	7.17	5.71	6.44
2008	2.96	2.66	2.91	4.85	4.28	7.23	5.71	6.47
2009	3.04	2.82	3.04	4.89	4.36	7.53	5.74	6.63
2010	3.00	2.75	3.00	4.88	4.30	7.49	5.74	6.61
2011	3.02	2.76	3.01	4.92	4.30	7.57	5.79	6.68
2012	3.08	2.83	3.07	5.00	4.39	7.69	5.88	6.78
2013	3.13	2.88	3.16	5.17	4.54	7.89	6.05	6.97
2014	3.18	2.92	3.23	5.25	4.64	8.02	6.13	7.08

资料来源：UIBE 全球价值链指数，基于 2016 年世界投入产出数据库（WIOD）计算。

由图 4-6 可以看出：

（1）各类平均生产长度指标变化趋势几乎一致，即总体上呈上升趋势。这表明我国生产性服务业所创造地增加值（基于前向联系）在到达最终使用前需要经过更多步骤，国内生产长度的延长反映了中国更深、

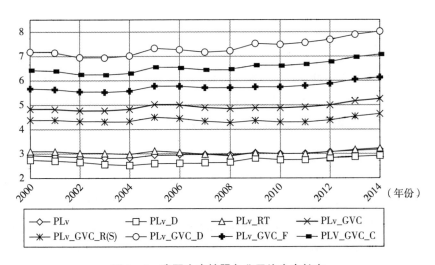

图 4-6　我国生产性服务业平均生产长度

更细的劳动分工。

（2）与纯国内生产活动和传统生产贸易相比，在全球价值链中的增加值创造活动的生产长度最长（Plv_GVC）。在全球价值链中的增加值创造活动中，复杂全球价值链活动的生产长度（Plv_GVC_C）明显比简单全球价值链的生产长度（Plv_GVC_S）长，其中以第一类复杂全球价值链增加值创造活动（回到本国被吸收）的生产长度（Plv_GVC_D）为最。这与人们的直观想象显然是一致的。复杂全球价值链经过的跨境次数更多，涉及更多的国家（或部门）和生产阶段。

（3）本章可以得到更深层次的结论，全球价值链长度日益增加，我国生产性服务业全球价值链和贸易活动日益分散。而且不同类型的生产和贸易活动之间的区别使本章能够进一步研究全球价值链延长背后的主要驱动因素。从图4-6中可以看出，复杂全球价值链长度的增加最为显著（折线更陡峭），相比之下，简单全球价值链生产长度的增加十分缓慢。本章可以认为跨境次数的增加和复杂全球价值链生产活动的延长是全球价值链活动的主要驱动力。

二、我国生产性服务业位置指数测算结果及分析

基于总生产长度的位置指数衡量的是一个国家的整体生产活动，包括其纯国内生产和与跨国生产活动无关的传统贸易生产（这部分通常在许多经济体中占主导地位），本章用Pos_TPL表示。类似的Pos_APL是基于平均生产长度的位置指数。而基于GVC生产长度的位置指数只关注跨境生产活动，所以称它为GVC位置指数。本章根据2000~2014年前向联系的生产性服务业全球价值链相关数据整理计算得出图4-7。

由图4-7可知，三种不同的位置指数表示同一类行业的数值甚至趋势存在差异，GVC_Pos明显低于Pos_APL，低于于Pos_TPL，原因在于生产性服务业处于全球价值链上游，且间接出口占较大比重，GVC部分比整体部分更靠近价值链上游，所以Plv_GVC小于Plv（前向），Ply_GVC大于Ply（后向），并且GVC_Pos上升速度慢于Pos_TPL上升速度。但

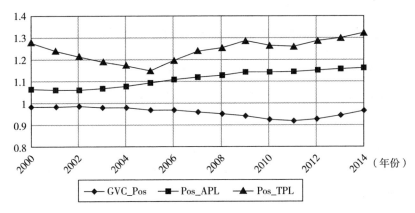

图 4 - 7　我国生产性服务业的 GVC 位置指数

资料来源：UIBE 全球价值链指数，基于 2016 年世界投入产出数据库（WIOD）计算。

2010 年以后三者都有上升趋势，表明我国生产性服务业向上游移动。

图 4 - 8 将 WIOT 行业分类表中所含的 16 类生产性服务业重新划分为运输邮电业、信息服务业、金融保险业、技术和商务服务业以及批发和零售服务业五大类。在五类生产性服务业中，GVC 位置指数最高的一直是金融保险业，最低的是批发和零售服务业，并且 2010 年后五类行业都具有上升趋势，即都向上游移动。

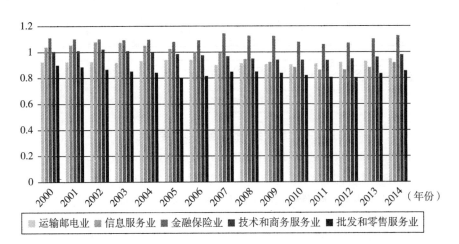

图 4 - 8　我国各类生产性服务贸易 GVC 的位置指数

资料来源：UIBE 全球价值链指数，基于 2016 年世界投入产出数据库（WIOD）计算。

三、我国生产性服务业参与度指数测算结果分析

（一）传统指标（VS 和 VS1）测算分析

由图 4 - 9 可以看出，我国生产性服务业 VS1 在总出口中的比例在互联网泡沫破灭与全球金融危机后呈上升趋势，在两次经济衰退时期呈下降趋势。在金融危机恢复之前，VS 的趋势与 VS1 的趋势大致相同，但是在 2010 年以后，VS 在总出口中的比例呈缓慢下降之势。一方面 VS 和 VS1 一定程度上可以衡量一国参与国际分工的程度，即它们在总出口中的比例越大，一国参与国家分工的程度越深。显然二者在解释 2010 年我国生产性服务贸易的参与度时存在矛盾。另一方面由王直等（2017a）可知这两个传统指标至少存在三点不足[①]，所以本章将采用改进指标进行测算。

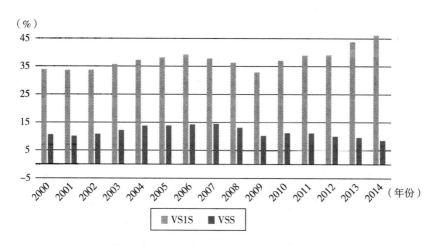

图 4 - 9 我国生产性服务业垂直专业化率

注：VS：一国进口中被重新用作国际贸易品的价值在总出口中的比重。

　　VS1：总出口中再次被进口国用于出口生产的部分在总出口中的比例。

资料来源：UIBE 全球价值链指数，基于 2016 年世界投入产出数据库（WIOD）计算。

---

① Wang Z., S. Wei, X. Yu, and K. Zhu. Characterizing Global Value Chains：Production Length and Upstreamness［J］. NBER Working Paper No. 23261, 2017b. NBER, Cambridge, MA.

（二）改进的参与度指标测算分析

图 4 - 10 采用新指标 GVC_Pat_f（GVC 前向参与度）来描述我国生产性服务业参与全球价值链程度时，它在 2010 年前与 VS1（VS）具有相同的变化趋势，2010 后与 VS1 变化趋势相反，可以说在描述我国生产性服务业 2000 ~ 2014 年参与国际分工程度时，GVC_Pat_f 与 VS 相吻合。而且我国生产性服务业 GVC 参与度水平较低（尤其是当与其他产业相比较时）。

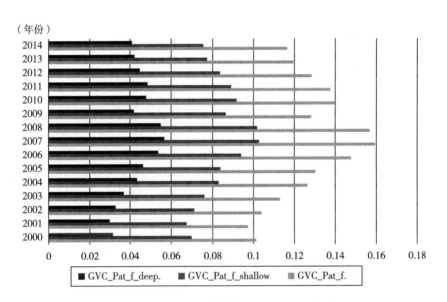

图 4 - 10　我国生产性服务业 GVC 参与指数

资料来源：UIBE 全球价值链指数，基于 2016 年世界投入产出数据库（WIOD）计算。

使用新指标，本章可以将 GVC 前向参与度分为简单 GVC 参与度与复杂 GVC 参与度。由图 4 - 11 可以看出简单 GVC 参与度明显高于复杂 GVC 参与度，这与本章之前分析两类增加值创造活动在总出口中的比重时相吻合。但是简单 GVC 的相对重要性在逐渐下降。

在五类生产性服务业中 GVC 前向参与度最高的是运输邮电业，其次是批发和零售服务业、技术和商务服务（2004 年以后）、金融保险业，

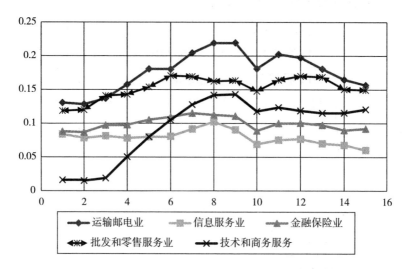

图 4 – 11　我国各类生产性服务业的 GVC 参与指数

资料来源：UIBE 全球价值链指数，基于 2016 年世界投入产出数据库（WIOD）计算。

参与度最低的是信息服务业。其中变化最明显的就是技术和商务服务业，这反映了我国对研发设计投入力度的加大，以及由此带来的商务服务的升级。与上述金融危机后三个经济事实相吻合的是，2010 年后各类生产性服务业 GVC 参与度都下降。

使用新指标可以将 GVC 前向参与度分为简单 GVC 参与度与复杂 GVC 参与度具体见图 4 – 12 和图 4 – 13。简单 GVC 参与度约是复杂 GVC 参与的两倍左右，但各类生产性服务业的两类 GVC 参与度具有一致性，即复杂 GVC 参与度低的行业，简单 GVC 参与度也不会高。例如，2014 年中技术和商务服务业复杂 GVC 参与度排第三，与简单 GVC 参与度排名一致。近几年里批发和零售服务业复杂 GVC 参与度有赶超运输邮电业跃升第一的趋势。

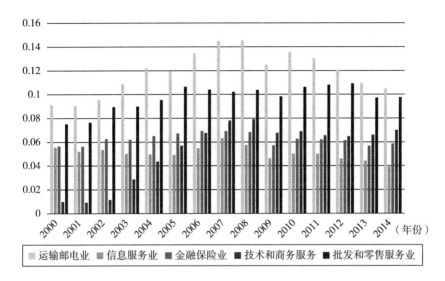

图 4 – 12　我国各类生产性服务业的简单 GVC 参与指数

资料来源：UIBE 全球价值链指数，基于 2016 年世界投入产出数据库（WIOD）计算。

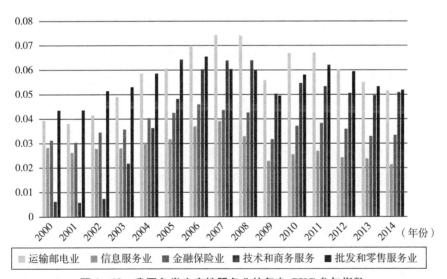

图 4 – 13　我国各类生产性服务业的复杂 GVC 参与指数

资料来源：UIBE 全球价值链指数，基于 2016 年世界投入产出数据库（WIOD）计算。

第五章 中国服务贸易对价值链 影响实证研究

第一节 模型设定与变量选择

一、模型设定

本章建立实证模型来证明上述理论机制。因此，采用基于 WIOD 2016 年进行增加值前向分解的价值链指数进行实证分析，并根据国际投入产出表的高维数据特征，考虑多国多部门多年份带来的组间差异，采用多层线性模型来提升模型估计精度，分别设置国家层面 ID 和部门层面 ID，将数据分为三个层次进行估计。为了识别生产性服务的纯国内生产价值与价值链升级的非线性关系，构建模型如下：

$$P\_GVC_{r,i,t} = \alpha_1 + \alpha_2 VA\_D_{r,i,t} + \alpha_3 VA\_D_{r,i,t}^2 + \alpha_4 Plv_{r,i,t} + \alpha_5 Plv \cdot VA\_D_{r,i,t} + \varepsilon$$

$$(5-1)$$

其中，r 表示第 r 国（$r = 1, \cdots, N$），i 表示第 i 部门（$i = 1, \cdots, M$），t 表示第 t 年（$t = 1, \cdots, T$），P_GVC 为价值链参与度[①]，VA_D 表示价值链前向分解下的由母国最终消费的生产性服务增加值，VA_D^2 是 VA_D 的平方项，Plv 是价值链前向分解下的价值链长度指数，用于度量不同国家不同部门之间的价值链长度，这一指数越高，意味着生产性服

---

① 为了缓解投入产出表数据带来的内生性影响，仅采用下游制造业部门的价值链参与度。

务与下游制造业之间距离越远，邻近性程度越低，$Plv \cdot VA\_D$ 是交互项，ε 是误差项。

$$P\_GVC_{r,i,t} = \alpha_1 + \alpha_2 VA\_D_{r,i,t} + \alpha_3 VA\_D_{r,i,t}^2 + \alpha_4 \varphi_{r,i,t} + \alpha_5 \varphi \cdot VA\_D_{r,i,t} + \varepsilon$$

$$(5-2)$$

其中，ϕ 是邻近性指数，代表在同一区域内同时具有显示性比较优势的生产性服务与制造业的概率，这一指数越大，意味着生产性服务与下游价值链之间的邻近性程度越高，$\phi \cdot VA\_D$ 是交互项，ε 是误差项，其他指标含义同模型（5-1）。

二、变量选取与指标测定

（一）核心解释变量及其测度方法

为了考察本国要素投入带来的生产性服务发展水平及其对下游制造业价值链参与度的影响，本章采用基于增加值进行前向分解的生产性服务部门纯国内生产价值（VA_D）来作为模型的核心解释变量。具体测算公式如下：

首先，根据王直等（2017a）的基于增加值的前向分解测算框架，将一国增加值划分为三个部分，分别为完全在国内生产和消费的产品增加值 $\hat{V}L\hat{Y}^D$、以最终出口产品出口体现的增加值 $\hat{V}L\hat{Y}^F$ 和以中间品贸易出口的价值链贸易增加值 $\hat{V}LA^F B\hat{Y}$，增加值的具体分解公式如下[①]：

$$\hat{V}B\hat{Y} = \hat{V}L\hat{Y}^D + \hat{V}L\hat{Y}^F + \hat{V}LA^F B\hat{Y}$$

$$= \hat{V}L\hat{Y}^D + \hat{V}L\hat{Y}^F + \hat{V}LA^F L\hat{Y}^D + \hat{V}LA^F (B\hat{Y} - L\hat{Y}^D)$$

$$= \hat{V}L\hat{Y}^D + \hat{V}L\hat{Y}^F + \hat{V}LA^F L\hat{Y}^D + \hat{V}L(A^F B)^D \hat{Y} + \hat{V}L[(A^F B)^D \hat{Y} - A^F L\hat{Y}^D]$$

$$(5-3)$$

其中，价值链的中间品贸易部分又可以按照中间产品是否跨境超过

---

① Wang Z., S. Wei, X. Yu, and K. Zhu. Measures of Participation in Global Value Chain and Global Business Cycles [J]. NBER Woriing Paper No. 23222, 2017a. NBER, Cambridge, MA.

一次进一步划分为简单价值链 $\hat{V}LA^F L\hat{Y}^D$ 和复杂价值链 $\hat{V}LA^F(B\hat{Y}-L\hat{Y}^D)$，而复杂全球链又可细分为完全返回国内最终生产的增加值部分 $\hat{V}L(A^F B)^D \hat{Y}$ 和国外最终生产的增加值部分 $\hat{V}L[(A^F B)^D \hat{Y} - A^F L\hat{Y}^D]$。

再根据每个国家或行业增加值的去向总结公式（5-1），即进行增加值的前向分解，结果如下：

$$Y' = \hat{V}BY = \hat{V}LY^D + \hat{V}LY^F + \hat{V}LA^F LY^D + \hat{V}LA^F(BY-LY^D) \quad (5-4)$$

在分解中，$\hat{V}LY^D$ 为跨境次数为零，仅表示采用本国生产要素，在国内生产并被国内最终需求吸收的产品附加值，核心解释变量 VA_D 就是 $\hat{V}LY^D$ 的简记。

（二）被解释变量及其测度方法

价值链升级采用价值链参与度这一指标测度，本章的被解释变量用下游制造业部门的价值链前向参与度来表示，即制造业部门参与全球价值链活动中产品的增加值占该国家总增加值的份额，根据 UIBE 全球价值链指标，价值链前向参与度测算公式如下：

$$GVC\_PAT\_f = \frac{V\_GVC}{Va'} \quad (5-5)$$

其中，

$$V\_GVC = \hat{V}LA^F BY = \hat{V}LA^F LY^D + \hat{V}LA^F(BY-LY^D) \quad (5-6)$$

$$Va' = \hat{V}BY = \hat{V}LY^D + \hat{V}LY^F + \hat{V}LA^F LY^D + \hat{V}LA^F(BY-LY^D) \quad (5-7)$$

式（5-5）中，V_GVC 表示用于各国增加值中的中间贸易品增加值，具体体现为简单价值链 GVC_S（$\hat{V}LA^F L\hat{Y}^D$）和复杂价值链 GVC_D [$\hat{V}LA^F(B\hat{Y}-L\hat{Y}^D)$]。$Va'$ 表示国家各部门的总增加值。

（三）调节变量及其测度方法

本章重点考察邻近约束对生产性服务影响价值链升级的非线性作用。

因此，分别选取两个变量来代替生产性服务的邻近约束：价值链长度和产品邻近性指数。

首先，价值链长度的定义是一个国家部门的投入品与另一个国家部门的最终产品之间的平均生产阶段数量，本章重点衡量一国生产性服务对别国制造业部门的生产长度。它通过计算整个生产过程中使用的主要生产性服务投入品所创造的增加值被计入下游制造业总产量的平均次数而得到。用数学形式表示为：

$$plvy_{ij} = \frac{v_i \sum\limits_{k}^{n} b_{ik} b_{kj} y_j}{v_i b_{ij} y_j} = \frac{\hat{V}BB\hat{Y}}{\hat{V}B\hat{Y}} \qquad (5-8)$$

其中，分母是第 i 部门（生产性服务）对 j 部门（制造业）最终产品做出贡献的总增加值，分子是由此增加值引起的在生产链上累积的制造业部门总产出，将式（5-8）的行业汇总到增加值部门层面得到：

$$plv_i = \sum_{j}^{n} \left(\frac{v_i b_{ij} y_j}{\sum\limits_{k}^{n} v_i b_{ik} y_k} \times \frac{\sum\limits_{k}^{n} b_{ik} b_{kj}}{b_{ij}} \right) = \sum_{j}^{n} \left(\frac{\sum\limits_{k}^{n} b_{ik} b_{kj} y_j}{\sum\limits_{k}^{n} b_{ik} y_k} \right) = x_i^{-1} \sum_{k}^{n} b_{ik} x_k$$

$$(5-9)$$

式（5-9）用矩阵形式表示为：

$$Plv = \frac{\hat{V}BB\hat{Y}\mu'}{\hat{V}B\hat{Y}\mu'} = \frac{\hat{V}BB\hat{Y}}{\hat{V}B\hat{Y}} = \hat{X}^{-1}BX \qquad (5-10)$$

其中，μ 是 $1 \times N$ 单元矢量，所有元素都等于 1。而中间品贸易部分的前向价值链长度的计算如下：

$$PLv\_GVC = \frac{Xv\_GVC}{v\_GVC} \qquad (5-11)$$

其中，Xv_GVC 指由增加值在全球价值链活动中引起的总产出，v_GVC 表示用于各国最终品生产的本国出口的中间贸易品增加值。式（5-6）通过行业层面总增加值引起总产值的变化的测算，代表了在整个经济中各部门创造的增加值的次数。价值链越长，表明下游生产阶段的数量越多，代表该部门越位于全球价值链的上游部分。对于增加值引起的总产出（Xv_GVC），则可通过三个不同方面的总产出加总计算，表示如下：

$$Xv\_GVC = Xvd\_GVC + Ev\_GVC + Xvf\_GVC$$

$$= \hat{V}LLA^{F}BY + \hat{V}BA^{F}BY + \hat{V}LA^{F}BA^{F}BY \qquad (5-12)$$

式（5-12）中，$\hat{V}LLA^{F}BY$ 表示生产用于本国生产和消费的产品增加值在全球价值链生产活动中诱导的国内总产出，记为 Xvd_GVC；$\hat{V}BA^{F}BY$ 表示国内生产用于进口国国内最终消费或出口的最终品增加值引起的总产出与本国生产用于进口国再生产并出口到世界各国的中间产品的增加值带来的总产出之和，记为 Ev_GVC；$\hat{V}LA^{F}BA^{F}BY$ 表示用于各国国内最终品生产的中间品的增加值引发的总产出，记为 Xvf_GVC。

其次，邻近约束的另一个测度指标为产品邻近性指数。本章沿用贺灿飞等（2017）的方法来测算产品邻近性指数，即邻近性指标是指在同一地区内两种产品同时具有比较优势的条件概率的最小值[①]。在这里本章将产品概念扩大至行业层面，用于指在同一国范围内生产性服务业和下游制造业同时具有比较优势的条件概率，其测算公式为：

$$\varphi_{ij,t} = \min\{P(x_{i,t}|x_{j,t}),P(x_{j,t}|x_{i,t})\}$$

$$x_{i,t} = \begin{cases} 1, RCA_{c,i,t} \geqslant 1 \\ 0, 其他 \end{cases} \qquad (5-13)$$

其中，φ_{ij} 表示行业 i、j 间的产业邻近性指数，$RCA_{c,i,t}$ 为第 t 年份 c 国家 i 行业的显性比较优势指数，当其值大于 1 时，表明第 t 年份 c 国家 i 行业的出口额高于世界平均水平，存在比较优势。RCA 计算公式如下：

$$RCA_{c,i,t} = \frac{\exp_{c,i,t}/\sum_{i}\exp_{c,i,t}}{\sum_{c}\exp_{c,i,t}/\sum_{c,i}\exp_{c,i,t}} \qquad (5-14)$$

---

① 贺灿飞，金璐璐，刘颖. 多维邻近性对中国出口产品空间演化的影响［J］. 地理研究，2017，36（09）：1613-1626.

式（5-14）中，$\exp_{c,i,t}$ 是第 t 年份 c 国家 i 产业的出口额。产业间邻近性指数（ $\varphi_{ij,t}$ ）代表了一国范围内两大优势产业的邻近程度，其数值越高，表明生产性服务和下游制造业邻近程度越高。根据 HO 理论，生产性服务主要依靠本地劳动力和资本等生产要素投入，若在一国范围内生产性服务具有比较优势，则更容易加强密集使用该生产性服务中间投入的制造业的出口竞争力，引导生产要素进一步流向优势部门，但是同时也可能导致削弱非密集使用生产性服务的制造业部门的竞争力，从而产生"双刃剑"作用。由此，本章假设：具有比较优势的生产性服务将显著促进同一地区内具有比较优势的下游制造业的价值链升级，但对于本地区没有比较优势的制造业的价值链升级将有阻碍作用。

第二节　实证结果与分析

一、数据来源及说明

本章的主要数据来源是基于 WIOD 2016 年国际投入产出表数据进行分解的 UIBE 全球价值链指数（UIBE GVC Index）[①]，该数据涵盖了 2000~2014 年间 40 个国家和地区（其中包含 17 个"一带一路"国家和地区[②]），35 个行业。本章将 WIOD 2016 年部门与中华人民共和国国民经济行业分类的最新国家标准（GB/T 4754—2017）[③] 进行匹配，最

[①] UIBE GVC Index：http://rigvc.uibe.edu.cn/english/D _ E/database _ database/index.htm。

[②] WIOD 2016 中的"一带一路"国家和地区主要包括：中国大陆（CHN）、中国台湾（TWN）、印度尼西亚（IDN）、土耳其（TUR）、希腊（GRC）、塞浦路斯（CYP）、印度（IND）、俄罗斯（RUS）、波兰（POL）、立陶宛（LTU）、爱沙尼亚（EST）、拉脱维亚（LVA）、捷克共和国（CZE）、斯洛伐克（SVK）、匈牙利（HUN）、斯洛文尼亚（SVN）、罗马尼亚（ROU）共 17 个国家和地区。

[③] 口径选择两位数行业标准。

终选择 15 个生产性服务部门①和 19 个制造业部门，具体行业分类见表
5-1和表 5-2。

表 5-1 生产性服务部门分类

部门分类	WIOD 代码	国民经济行业分类代码	业务内容
生产性支持服务	C28	F51	汽车、摩托车批发、零售贸易与维修服务
批发经纪代理服务	C29	F52	批发贸易（汽车和摩托车除外）
货物运输、仓储和邮政快递服务	C31	G53/G54/G57	陆路运输和通过管道运输
	C32	G55	水路运输
	C33	G56	航空运输
	C34	G59	仓储和相关支持服务
	C35	G60	邮政和快递服务
信息服务	C39	I63	电信
	C40	I64/I65	计算机编程,咨询和相关服务;信息服务
金融服务	C41	J66/J67	金融服务（保险和养老基金除外）
	C42	J68	保险,再保险和养老基金（强制性社会保障除外）
	C43	J69	金融服务和保险相关辅助活动
商务服务	C45	M74	法律、会计和管理咨询服务
	C48	M72	广告与市场研究
研发设计与其他技术服务	C47	M73	科学研究与发展

资料来源：根据中国统计局国民经济行业分类标准（GB/T 4754—2017）和 WIOD2016 行业分类整理得到。

---

① 进一步将生产性服务归纳为七大部门，分别为生产性支持服务，批发经纪代理服务，货物运输、仓储和邮政 快递服务，信息服务，金融服务，商务服务，研发设计与其他技术服务。

表 5 - 2　　　　　　　　　　　　制造业部门分类

部门分类	WIOD 2016 代码	国民经济行业分类代码	内容
资源密集型	C05	C14/C15/C16	食品,饮料和烟草制品的制造
	C07	C20	木制品、软木制品(家具除外)
劳动密集型	C06	C17/C18/C19	制造纺织品,服装和皮革制品
	C08	C22	纸和纸制品的制造
	C09	C23	录制媒介打印与复制
	C13	C29	橡胶和塑料制品的制造
	C14	C30	其他非金属矿物制品的制造
	C15	C31/C32	基本金属的制造
	C16	C33	制造金属制品(机械和设备除外)
	C22	C21/C41	家具制造;其他制造业
	C23	C43	机器和设备的修理和安装
资本密集型	C10	C25	焦炭和精炼石油产品的生产
	C11	C28	化学品和化学产品的制造
	C12	C27	基本药物制剂和药物制剂的制造
	C17	C39	计算机,电子和光学产品的制造
	C18	C38	电气设备的制造
	C19	C34/C35	机械设备制造
	C20	C36	汽车,拖车和半拖车制造
	C21	C37	其他运输设备的制造

资料来源:根据中国统计局国民经济行业分类标准(GB/T 4754—2017)和 WIOD2016 行业分类整理得到。

根据上述部门分类，本章主要变量的描述性统计如表5-3所示。

表5-3 主要变量的描述性统计

variable	N	mean	sd	min	max
GVC	10,710	12.63	21.08	0.00	79.77
GVCS	10,710	5.36	12.00	0.00	63.74
GVCD	10,710	8.89	17.99	0.00	92.19
VAD	10,710	12.99	25.88	0.00	102.77
FVA	10,710	11.32	19.53	0.00	74.30
PLV	10,710	4.89	0.42	3.78	6.89
APL	10,710	3.67	0.41	2.62	5.58
φ	10,710	0.32	0.15	0.05	0.84

由表5-3可得，在中间品贸易增加值（GVC）和国内生产和消费的产品增加值（VA_D）中呈现出较大波动性。根据价值链长度（Plv）的数据，本章发现一国某部门的主要要素投入到另一国某部门的最终产品的过程中平均跨越生产阶段为4.89次，最少的生产阶段为3.78次。平均生产长度（APL）的平均值约为3.67次，即对一个国家/部门的外部冲击影响到另一个国家/部门平均经过3.67个生产阶段，符合理论预期。

二、基准模型回归

（一）基准模型（5.1）回归结果

本章对上述多层线性模型（5.1）采用极大似然估计法，估计结果如表5-4所示。

表 5 - 4　　　　　　多层线性模型（5.1）的最大似然估计结果

P_GVC	(1)	(2)	(3)	(4)	(5)
VAD	0.31 ***	0.58 ***	0.57 ***	1.98 ***	2.01 ***
	(79.97)	(67.80)	(65.13)	(75.41)	(78.13)
VAD2		-0.18 ***	-0.17 ***	-0.04 ***	-0.03 ***
		(-34.67)	(-33.46)	(-8.60)	(-5.56)
PLV			0.21 ***		0.34 ***
			(11.35)		(20.67)
VAD * PLV				-0.26 ***	-0.27 ***
				(-55.51)	(-58.75)
_cons	11.65 ***	7.09 *	-96.18 ***	5.76 **	-159.36 ***
	(2.86)	(1.93)	(-9.57)	(2.01)	(-18.03)
country id_cons	615.48 ***	491.76 ***	685.02 ***	287.83 ***	540.15 ***
	(26.06)	(24.72)	(26.69)	(21.69)	(25.66)
industry id_cons	1318.99 ***	1216.05 ***	1263.68 ***	932.82 ***	990.82 ***
	(129.16)	(127.89)	(128.35)	(122.79)	(123.77)
Residual	366.82	329.40	324.08	256.31	244.48
ll	-48293.33	-47723.82	-47661.20	-46370.25	-46165.55
aic	96596.66	95459.64	95336.39	92754.50	92347.09
bic	96633.05	95503.31	95387.34	92805.45	92405.32
N	10710.00	10710.00	10710.00	10710.00	10710.00

注：t statistics in parentheses；

* $p < 0.1$, ** $p < 0.05$, *** $p < 0.01$。

表 5 - 4 报告了模型（1）生产性服务影响机制的检验结果。从总体样本的实证结果来分析，国内生产和消费的产品增加值（VA_D）的一次项系数显著为正，但 VA_D 的二次项系数符号显著为负，且系数符号始终保持稳定，表明制造业价值链参与度（P_GVC）会随着 VA_D 的增加而先增加再下降，验证了理论中生产性服务对制造业价值链升级呈现

非线性的作用，具体表现为倒"U"型。其中的原因解释为：来源于国内提供的生产性服务由于技术密集与规模经济等特征，带动下游制造业产品提高生产效率，降低生产分节化的边际成本，推动制造业实现价值链升级，但随着制造业规模扩张，其价值链参与度不断提高，生产性服务的有限贸易性导致生产性服务无法满足超过邻近区域范围的制造业生产者的差异化需求，从而阻碍制造业的价值链进一步升级。

此外，价值链长度对价值链参与度的影响系数为正，一个可能的解释是价值链长度越长，被计入在总产出中的一国生产性服务投入带动制造业总产出的数值越大，表现为两产业间的联系密切、关联度越大，因而正向促进制造业价值链升级。而国内产品增加值与价值链长度的交互作用系数为负，这表明当价值链长度增加时，生产性服务与下游制造业之间的经济距离增加，邻近约束作用凸显，生产性服务作为价值链的网络中介，其固定成本提高，在价值链分节过程中产生了成本的放大效应，从而对制造业的价值链进一步升级产生了负面影响。

（二）基准模型（5.2）回归结果

本章对上述多层线性模型（5.2）采用最大似然估计法，估计结果如表5-5所示。

表5-5　　　　　　　多层线性模型（5.2）的极大似然估计结果

GVC	(1)	(2)	(3)	(4)	(5)
VAD	0.31*** (79.97)	0.58*** (67.80)	0.58*** (67.60)	0.34*** (37.63)	0.32*** (34.65)
VAD²		-0.18*** (-34.67)	-0.18*** (-34.63)	-0.16*** (-35.04)	-0.16*** (-34.14)
φ			0.92 (0.43)		-23.67*** (-12.01)
VAD*φ				0.80*** (49.21)	0.85*** (50.95)

GVC	(1)	(2)	(3)	(4)	(5)
_cons	11.65***	7.09*	6.79*	6.57**	14.31***
	(2.86)	(1.93)	(1.82)	(2.37)	(4.71)
country id_cons		491.76***	488.95***	2.79***	2.88***
		(26.06)	(24.72)	(24.64)	(21.19)	(22.41)
industry id_cons		1216.05***	1216.03***	3.41***	3.40***
		(129.16)	(127.89)	(127.89)	(122.10)	(121.77)
Residual		329.41	329.41		
ll	−48293.33	−47723.82	−47723.72	−46634.82	−46563.34
aic	96596.66	95459.64	95461.45	93283.63	93142.68
bic	96633.05	95503.31	95512.40	93334.58	93200.91
N	10710.00	10710.00	10710.00	10710.00	10710.00

注：t statistics in parentheses；

* p < 0.1, ** p < 0.05, *** p < 0.01。

表 5 - 5 报告了模型（5.2）的检验结果，结果显示，当采用产品邻近性作为邻近效应的替代指标时，国内生产和消费的产品增加值（VA_D）的二次项系数在模型中仍然显著为负，表明生产性服务对制造业价值链的倒"U"型影响依然成立。但不同的是，产品邻近性指数的系数符号与交互项的系数符号与模型（5.1）恰好相反，其原因在于测度邻近约束的两个变量的定义差别，价值链长度指标的数值越大，则表示跨越生产阶段越多，两大产业的经济距离越远；而产品邻近性指数越大，表示生产性服务和制造业在同一国家范围内同时具有比较优势的条件概率越大，两产业之间关联越紧密。

三、异质性分析回归结果

（一）生产性服务异质性分析

1. 基于模型（5.1）的生产性服务异质性分析

为进一步分析生产性服务投入对制造业价值链产生倒"U"型影响的原因，本章在基准模型分析的基础上对细分样本进行异质性分析。

生产性服务细分部门的回归结果见表5-6。生产性支持服务引起的产品增加值的二次项符号显著为正，表示生产性支持服务与制造业价值链升级呈现"U"型关系，且由于一次项为正，VA_D的纵轴截距为正，生产性支持服务对价值链保持正向影响，而其他六类生产性服务在整体生产性服务中所占比重相对较大，在国民经济发展中是重要的中间投入部门，与总体样本的变化趋势保持一致，呈现倒"U"型，结果均通过1%的显著性检验。

表5-6　　　　模型（5.1）生产性服务细分部门的异质性分析

	（1）生产性支持服务	（2）批发经纪代理服务	（3）货物运输、仓储和邮政快递服务	（4）信息服务	（5）金融服务	（6）商务服务	（7）研发设计与其他技术服务
VAD	1.73*** (44.80)	1.80*** (105.62)	1.89*** (76.91)	1.17*** (18.92)	1.59*** (64.39)	0.57*** (14.81)	0.40*** (20.36)
VAD²	2.96*** (19.46)	-0.10*** (-9.22)	-0.16*** (-6.83)	-2.21*** (-5.29)	-0.08*** (-4.31)	-1.39*** (-18.57)	-5.37*** (-21.34)
PLV	0.01*** (15.22)	0.05*** (8.66)	0.06*** (17.96)	0.02*** (14.30)	0.05*** (19.62)	0.03*** (14.29)	-0.00*** (-14.97)
VAD*PLV	-0.31*** (-44.37)	-0.26*** (-79.61)	-0.24*** (-55.49)	-0.10*** (-8.96)	-0.20*** (-48.92)	0.00 (-0.21)	-0.01*** (-2.68)
_cons	-4.17*** (-13.26)	-20.34*** (-7.16)	-28.32*** (-15.04)	-10.56*** (-12.22)	-23.49*** (-16.54)	-12.78*** (-12.22)	1.98*** (15.34)
country id_cons	0.33*** (-4.50)	49.88*** (15.44)	29.43*** (13.74)	5.47*** (7.06)	17.20*** (11.77)	4.97*** (6.18)	-1.11*** (-7.31)
industry id_cons	0.73*** (-5.57)	123.62*** (86.41)	57.62*** (72.87)	8.65*** (38.44)	28.48*** (60.29)	13.74*** (46.55)	-0.19*** (-6.69)

	（1）	（2）	（3）	（4）	（5）	（6）	（7）
	生产性支持服务	批发经纪代理服务	货物运输、仓储和邮政快递服务	信息服务	金融服务	商务服务	研发设计与其他技术服务
Residual	0.38	33.58	13.97	2.52	7.19	5.82	0.22
ll	−11270.95	−35495.72	−30842.21	−21609.25	−27276.32	−25948.97	−8592.42
aic	22557.89	71007.45	61700.42	43234.50	54568.64	51913.93	17200.84
bic	22616.12	71065.68	61758.65	43292.73	54626.87	51972.17	17259.07
N	10709.00	10710.00	10710.00	10710.00	10710.00	10710.00	10710.00

注：t statistics in parentheses；

* $p < 0.1$，** $p < 0.05$，*** $p < 0.01$。

2. 基于模型（5.2）的生产性服务异质性分析

由表 5-7 可知，模型（5.2）的生产性服务业异质性分析与模型（5.1）的结论保持一致，生产性支持服务 VA_D 与制造业价值链升级呈现"U"型关系，而其他六类生产性服务 VA_D 则呈现倒"U"型影响。但是，生产性支持服务与研发服务的交互项 $VAD * \phi$ 却显著为负，表明对于这两个细分行业而言，本地生产性服务与制造业邻近反而阻碍了制造业的价值链升级，可能的原因是因为邻近性指标的双重属性，一方面同一区域产业升级是路径依赖的过程，产业间关联性越强将增强协同效应，促进制造业产品创新；另一方面，对那些创新性要求较高的行业而言，产业间距离太近则容易造成知识与技术的"锁定"，同样不利于产业沿着价值链升级（贺灿飞等，2017）[79]。

表 5 - 7 模型（5.2）生产性服务的异质性分析结果

	生产性 支持服务	批发经纪 代理服务	货物运输、 仓储和邮政 快递服务	信息服务	金融服务	商务服务	研发设计 与其他技 术服务
VAD	0.26 ***	0.55 ***	0.59 ***	0.59 ***	0.44 ***	0.57 ***	0.40 ***
	(21.42)	(43.40)	(50.05)	(23.13)	(55.19)	(38.49)	(48.05)
VAD^2	4.04 ***	- 0.45 ***	- 0.78 ***	- 4.20 ***	- 0.64 ***	- 1.42 ***	- 5.43 ***
	(25.22)	(- 33.71)	(- 30.06)	(- 11.24)	(- 35.85)	(- 20.26)	(- 22.27)
φ	0.03	- 2.22 **	- 1.21 **	- 0.41 **	- 1.12 ***	- 0.60 **	- 0.10 *
	(0.45)	(- 2.55)	(- 2.44)	(- 2.45)	(- 3.35)	(- 2.17)	(- 1.96)
VAD * φ	- 0.37 ***	0.02	0.07 ***	0.18 ***	0.01	0.04 **	- 0.12 ***
	(- 22.94)	(0.86)	(3.77)	(5.75)	(0.80)	(2.02)	(- 7.90)
_cons	0.40 ***	3.48 **	2.41 **	0.76 **	1.93 ***	1.46 ***	0.32 ***
	(3.56)	(2.36)	(2.49)	(2.22)	(2.84)	(4.29)	(5.17)
country id_cons	0.44 ***	72.09 ***	32.03 ***	4.11 ***	16.23 ***	3.27 ***	0.09 ***
	(- 3.31)	(17.01)	(13.94)	(5.75)	(11.36)	(4.34)	(- 7.42)
industry id_cons	1.04	181.95 ***	74.12 ***	8.52 ***	33.49 ***	13.30 ***	0.72 ***
	(0.73)	(93.39)	(77.58)	(38.42)	(63.20)	(46.01)	(- 6.00)
Residual	0.42	53.70	18.16	2.57	8.94	5.95	0.23
ll	- 11930.42	- 37980.55	- 32240.16	- 21707.21	- 28417.89	- 26047.33	- 8679.25
aic	23876.84	75977.11	64496.32	43430.41	56851.77	52110.66	17374.50
bic	23935.07	76035.23	64554.56	43488.65	56910.00	52168.89	17432.73
N	10710.00	10710.00	10710.00	10710.00	10710.00	10710.00	10710.00

注：t statistics in parentheses；

* p < 0.1,** p < 0.05,*** p < 0.01。

（二）价值链异质性分析

1. 基于模型（5.1）的价值链异质性分析

将价值链区分为仅跨境一次的简单全球价值链（GVC_S）和以"跨境两次以上的中间贸易品出口到第三国并被其他国家吸收"的复杂价值链（GVC_D），异质性分析结果如表5-8所示。

表5-8　　　　　　模型（5.1）全球价值链的异质性分析结果

	GVC	GVC_S	GVC_D
VAD	2.01 ***	1.50 ***	0.47 ***
	(78.13)	(134.08)	(26.14)
VAD²	−0.03 ***	0.03 ***	−0.05 ***
	(−5.56)	(14.40)	(−15.67)
PLV	0.34 ***	0.15 ***	0.17 ***
	(20.67)	(21.16)	(15.28)
VAD ∗ PLV	−0.27 ***	−0.22 ***	−0.05 ***
	(−58.75)	(−110.39)	(−14.28)
_cons	−159.36 ***	−73.47 ***	−78.06 ***
	(−18.03)	(−19.03)	(−13.20)
country id_cons	540.14 ***	112.18 ***	157.70 ***
	(25.66)	(19.72)	(18.43)
industry id_cons	990.82 ***	158.77 ***	633.04 ***
	(123.77)	(90.26)	(116.61)
Residual	244.48	46.28	116.24
ll	−46165.6	−37199.4	−42274.3
aic	92347.09	74414.87	84564.55
bic	92405.32	74473.1	84622.78
N	10710.00	10710.00	10710.00

注：t statistics in parentheses；

∗ p < 0.1，∗∗ p < 0.05，∗∗∗ p < 0.01。

从表 5 - 8 结果可知，在 1% 的显著性水平下，价值链异质性分析出现了截然不同的结果。对于简单价值链（GVC_S）而言，生产性服务的影响呈现"U"型，且一次项系数为正，表明核心解释变量 VA_D 具有正纵轴截距，生产性服务对制造价值链的影响保持显著为正，因此当跨境次数仅为一次时，生产性服务与制造业的关联相对紧密，处于生产性服务的邻近约束边界之内，因此并未受到制造业规模扩张而受到生产性服务有限贸易性限制的影响。而对于复杂价值链（GVC_D）来说，依然保持了与总体样本一致的倒"U"型，表明随着价值链复杂度的上升，当跨境次数达到两次及以上时，制造业由于标准化生产流程可以比较容易进行分节化生产，但是生产性服务却受到邻近约束的限制，无法随着制造业的扩张而同等扩张，或者需要投资新的商业存在来提供与原有服务水平相当的定制化服务，增加了价值链扩张的固定成本，从而对复杂价值链进一步扩张产生了负面影响。但是无论是简单价值链或者复杂价值链，都可以看出，价值链长度增加使得本地生产性服务受到邻近约束的限制，从而阻碍了下由制造业的价值链升级。

2. 基于模型（5.2）的价值链异质性分析

表 5 - 9 展示了模型（5.2）的价值链异质性分析结果。可以发现，生产性服务对于个同的全球价值链组成部分与总体样本倒"U"型影响关系保持一致，包括简单价值链。表明当采用邻近性指标对生产性服务的邻近约束更强，使得简单价值链也受到生产性服务的有限贸易性影响，对制造业的价值链升级出现先促进后阻碍的作用。

表 5 - 9   模型（5.2）全球价值链的异质性分析结果

	GVC	GVC_S	GVC_D
VAD	0.32 ***	0.11 ***	0.19 ***
	(34.65)	(25.65)	(29.88)

续表

	GVC	GVC_S	GVC_D
VAD^2	-0.16***	-0.07***	-0.08***
	(-34.14)	(-32.39)	(-25.72)
φ	-23.67***	-18.80***	-4.73***
	(-12.01)	(-20.05)	(-3.60)
VAD*φ	0.85***	0.68***	0.16***
	(50.95)	(86.38)	(14.34)
_cons	14.31***	6.71***	7.74***
	(4.71)	(4.72)	(4.30)
country id_cons	314.89***	72.64***	91.78***
	(22.41)	(17.63)	(14.73)
industry id_cons	899.55***	131.52***	611.42***
	(121.77)	(84.52)	(116.06)
Residual	266.95	60.67	118.76
ll	-46563.3	-38484	-42361.1
aic	93142.68	76983.96	84738.18
bic	93200.91	77042.19	84796.41
N	10710.00	10710.00	10710.00

注: t statistics in parentheses;

* p < 0.1, ** p < 0.05, *** p < 0.01。

(三) 国家异质性分析

本章分别采用价值链长度指标和产品邻近性指标分析生产性服务对"一带一路"和非"一带一路"国家的制造业价值链参与度是否有差异性影响,为此,做异质性分析结果如表5-10所示。

表 5 - 10   "一带一路"与非"一带一路"国家的异质性分析结果

	"一带一路"	非"一带一路"	"一带一路"	非"一带一路"
VAD	0.44 ***	3.40 ***	0.47 ***	0.33 ***
	(4.72)	(41.96)	(39.61)	(20.71)
VAD²	-0.12 ***	-0.14 ***	-0.12 ***	0.02
	(-19.75)	(-9.16)	(-26.04)	(1.61)
PLV	0.10 ***	0.54 ***		
	(5.20)	(23.61)		
VAD * PLV	0.00	-0.54 ***		
	(-0.31)	(-36.09)		
φ			1.52	-23.87 ***
			(0.54)	(-9.51)
VAD * φ			-0.22 ***	0.71 ***
			(-5.15)	(32.85)
_cons	-43.91 ***	-250.90 ***	3.93 **	17.27 ***
	(-4.69)	(-20.27)	(2.05)	(3.60)
country id_cons	35.91 **	793.17 ***	14.70 **	509.92 ***
	(-2.43)	(22.05)	(2.27)	(19.80)
industry id_cons	578.32 ***	1028.12 ***	555.73 ***	1120.64 ***
	(72.47)	(97.70)	(69.88)	(98.79)
Residual	179.65	260.52	179.84	280.69
ll	-16909	-28787.7	-16908.7	-29031.1
aic	33833.96	57591.31	33833.36	58078.18
bic	33884.47	57645.7	33883.87	58132.57
N	4080.00	6630.00	4080.00	6630.00

注：t statistics in parentheses；

* p < 0.1, ** p < 0.05, *** p < 0.01。

表 5 - 10 显示，在价值链长度这一测度指标下，"一带一路"国家和非"一带一路"国家的解释变量二次项系数均显著为负，表明不论是哪

类国家生产性服务对制造业价值链的影响效应始终为倒"U"型。同时，在两种邻近效应指标的检验中，模型各项变量系数符号总是一致的，且高度显著，该结果具有较强稳健性。但不同在于，与"一带一路"国家相比，非"一带一路"国家的生产性服务发展对制造业价值链所呈现的倒"U"型曲线的转折点相对靠右。这一结果符合弗朗索瓦和沃尔茨（Francois and Woerz，2008）的结论：当收入水平和经济发达程度更高时，生产性服务通过信息技术进步或者贸易成本降低将更明显地促进制造业价值链升级，引起倒"U"型顶点向右移动①。

同时，在对"一带一路"国家进行多层线性模型结果分析时，发现模型中价值链长度的系数和价值链长度与国内产品增加值的交互项系数数值偏小，这与国家整体的经济关联度和经济发达程度有很大关系，相比于欧盟等国家，"一带一路"国家是近几年加强联系的且生产网络联系紧密程度较低，所以呈现数值偏小的相对差异。

四、稳健性检验

（一）处理内生性问题

本章采用三种方法对模型进行内生性处理，分别为二阶段最小二乘法（2SLS）、似不相关回归（SUR）和三阶段最小二乘法（3SLS），其处理结果见表5-11：

表5-11　　　　　　　　　　内生性处理结果

	OLS	2SLS	SUR	3SLS
VAD	2.01***	4.90***	2.52***	2.58***
	(78.13)	(4.84)	(81.59)	(83.50)
VAD²	-0.03***	-1.35***	-0.04***	-0.04***
	(-5.56)	(-4.16)	(-4.85)	(-4.62)

① Francois, J. and J. Woerz, J. Producer services, Manufacturing liniages, and Trade ［J］. Journal of Industry, Competition and Trade, 2008, 8（3）199-229

续表

	OLS	2SLS	SUR	3SLS
PLV	0.34 ***	1.00 ***	−0.05 ***	−0.04 ***
	(20.67)	(4.80)	(−5.1)	(−4.45)
VAD * PLV	−0.27 ***	−1.03 ***	−0.37 ***	−0.34 ***
	(−58.75)	(−4.61)	(−60.61)	(−62.38)
_cons	−159.36 ***	−468.63 ***	29.46 ***	26.42 ***
	(−18.03)	(−4.71)	(6.39)	(5.73)
N	10710.00	10710.00	10710.00	10710.00

在二阶段最小二乘法中，本章选取的工具变量是在美国生产性服务的纯国内生产价值（USA_VAD）和价值链长度（USA_Plv），三阶段最小二乘法和似不相关回归是采用价值链后向分解框架下国外增加值 FVA 为被解释变量，构建联立方程，以减少独立方程估计产生的系统误差，具体结果见表 5−11。根据内生性处理结果，本章基准模型结论保持稳健，各个主要变量系数与模型（5.1）的 OLS 回归结果保持一致。

（二）采用替代性邻近性指标

考虑到模型可能存在各种问题，本章对模型最大似然估计结果进行稳健性检验。采用邻近效应另一个衡量指标平均生产长度指数（APL）作为价值链长度的替代指标，APL 指数衡量的是对一个国家/部门的外部冲击影响到另一个部门平均经过多少生产阶段。一个国家基于前向联系的 APL 越长，国家/部门的外部冲击影响最初投入的距离就越长。检验模型（5.1）估计结果的稳健性，其估计结果如表 5−12 所示。

表 5 – 12　　　　　　　　　　APL 稳健性检验结果

GVC	(1)	(2)	(3)	(4)	(5)
VAD	0.31***	0.58***	0.57***	1.71***	1.73***
	(79.97)	(67.80)	(65.35)	(79.61)	(81.94)
VAD^2		−0.18***	−0.17***	−0.04***	−0.03***
		(−34.67)	(−33.56)	(−8.65)	(−5.84)
APL			0.21***		0.34***
			(10.39)		(19.50)
VAD * APL				−0.27***	−0.28***
				(−56.05)	(−59.00)
_cons	11.65***	7.09*	−68.99***	5.77**	−119.32***
	(2.86)	(1.93)	(−8.17)	(2.01)	(−16.07)
country id_cons	615.45***	491.76***	669.71***	287.56***	525.75***
	(26.06)	(24.72)	(26.53)	(21.68)	(25.48)
industry id_cons	1319.00***	1216.05***	1259.74***	931.40***	986.64***
	(129.16)	(127.89)	(128.28)	(122.77)	(123.69)
Residual	366.82	329.41	324.83	255.14	244.53
ll	−48293.33	−47723.82	−47671.23	−46346.98	−46164.54
aic	96596.66	95459.64	95356.45	92707.96	92345.07
bic	96633.05	95503.31	95407.41	92758.91	92403.30
N	10710.00	10710.00	10710.00	10710.00	10710.00

注：t statistics in parentheses；

*$p<0.1$, **$p<0.05$, ***$p<0.01$。

表 5 – 12 显示，与原实证结果相比，符号与原结果呈现高度一致且

具有很高的显著性，始终保持国内产品增加值的一次项系数为正，二次项系数为负，平均生产长度正向促进制造业价值链参与度，而平均生产长度与产品增加值的交互项则产生负向影响的作用。综合来说，上述检验表明在1%显著性水平下，产品增加值对制造业价值链升级仍呈现显著的倒"U"型关系，与原结论一致。

第三节　相关结论

本章基于国际投入产出数据库（WIOD）2000~2014年国际投入产出数据，实证检验了生产性服务对价值链升级的非线性作用机理，并结合"一带一路"倡议背景，分析生产线服务投入在"一带一路"国家和非"一带一路"国家的影响效应。研究发现：

一、生产性服务对制造业价值链升级呈现显著的倒"U"型关系

表明生产性服务由于其技术密集、规模经济等属性，其作为网络中介将对下游制造业的价值链升级产生显著正面影响。但由于生产性服务同时存在有限贸易性，这一特性导致生产性服务存在邻近约束，当生产性服务作为中间投入品参与下游制造业产品生产时，如果与制造业的关联度超过邻近约束的范围，则将对制造业价值链参与度的抑制作用，使得生产性服务对价值链扩张存在整体非线性影响。

二、服务贸易细分部门回归结果证明倒"U"型影响的存在

在生产性服务异质性的分析中发现，生产性支持服务投入对下游制造业价值链参与度表现为显著正相关关系，而批发经纪代理服务，货物运输、仓储和邮政快递服务，信息服务，金融服务，商务服务，研发设计与其他技术服务均保持与整体生产性服务相同的倒"U"型影响效应。

三、非"一带一路"国家相比"一带一路"国家顶点右移

生产性服务在"一带一路"国家和非"一带一路"国家中对制造业价值链的影响均为倒"U"型，即生产性服务投入超过某个临界值，都表现出抑制价值链升级的作用。但不同在于，非"一带一路"国家倒"U"型顶点相对"一带一路"国家右移，表明生产性服务发展到更高水平将会抵消部分生产性服务对价值链扩张的负面影响。

第六章 浙江省服务贸易促进货物贸易结构升级案例与实证分析

第一节 浙江省服务贸易促进货物贸易结构升级的案例分析

本章试图从省级层面出发寻找可能的解决措施，并发现与全国数据形成鲜明对比的是，浙江省作为全国贸易大省，自 2004 年起连续 11 年实现货物贸易与服务贸易的双顺差（见图 6-1）。不仅如此，从贸易结构上看，

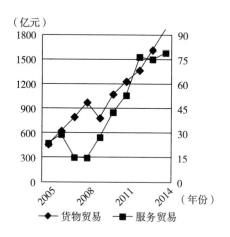

图 6-1 浙江省货物贸易与服务贸易差额演变

资料来源：2005～2013 年货物贸易数据来源于《中国金融年鉴》，服务贸易数据来源于《浙江省国际服务贸易发展报告》；2014 年数据来源于浙江省商务厅网站：http://www.zcom.gov.cn/。

除了旅游、教育与专有权利使用费和特许费等服务项目逆差之外，大部分服务项目实现顺差，生产性服务贸易占有极大比重，说明该省实现货物贸易顺差并未依赖生产性服务的大量进口，服务贸易结构比较合理。尤其值得注意的是，浙江省服务贸易发展呈现崭新趋势，即以跨境电子商务、互联网金融、现代物流与国际快递等为代表的"互联网＋"新业态蓬勃发展，实现服务贸易各细分部门的交互与融合。那么，浙江省实现货物贸易与服务贸易协调发展的关键因素究竟是什么呢？在经济新常态下，它的成功经验如何形成对全国的指导意义？本章拟从贸易结构出发，借鉴浙江省的先进经验，从而探索出全国货物贸易与服务贸易协调发展的机制与路径。

一、浙江省货物贸易规模巨大、结构较为合理，具有较强国际竞争力

浙江省货物贸易规模一直保持全国领先水平，根据杭州海关数据显示，2014 年浙江省货物贸易进出口总额达 2.2 万亿元。其中，出口金额达到 1.7 万亿元，同比增长 8.8％。本章根据 1997～2014 年 25 个货物贸易部门数据，计算了这些货物贸易部门的显示性比较优势指数（RCA）与对称性比较优势指数（RSCA），显示在图 6－2 中。根据国际标准，划分 RCA 高低的分界点是 1.25，低于 1.25 则该产品国际竞争力较弱，超过 1.25 则该产品国际竞争力较强，RSCA 则以 0 为划分标准。

根据测算，浙江省 25 个货物贸易部门的 RCA 均值为 1.203，接近国际较强竞争力标准，而 RSCA 均值则偏低 （－0.153），没有达到国际较强竞争力标准。按照 RCA＝1.25，可以将浙江省 25 个货物贸易部门分为 RCA 高值组和 RCA 低值组。其中，在 RCA 高值组中，工艺品制造业、纺织服装鞋帽制品业、纺织业、交通运输设备制造业和石油加工业是浙江省最具有比较优势的五个部门，由此可以看出浙江省的比较优势部门在于轻纺产品制造业与装配制造业，即尤其是工艺品制造业和纺织服装鞋帽制品业的 RCA 超过 2.5，国际竞争力非常高。而在 RCA 低值组中，电子制造业、仪器仪表与通信设备、石油和天然气开采业等重工业或技

术附加值高的工业的 RCA 甚至低于 0.8，说明浙江省的货物贸易出口具
有鲜明特征，即与日常生活息息相关的轻纺工业等发展良好，重工业制
造业则相对薄弱。而在货物贸易与服务贸易协调发展的过程中，由于生
产性服务贸易的技术进步需要计算机等设备制造业的快速发展作为支持，
因此，浙江省部分货物贸易部门，如通信设备、计算机及电子设备制造
业贸易和仪表仪器及机械制造业贸易等的发展能有效促进服务贸易技术
水平的提高，尤其是给予"互联网＋"新业态快速发展以强有力支撑。

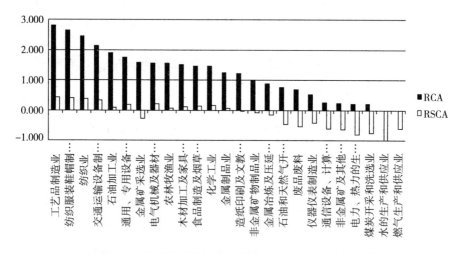

图 6-2　浙江省货物贸易细分部门 RCA 与 RSCA 平均值

结合图 6-3 可以观察到浙江省货物贸易结构变迁的规律。在大多数
年份里，RCA 介于 1.25 和 2.5 之间的较强国际竞争力部门占据浙江省货
物贸易的主体地位，5 年的平均占比达到 43.35%。其中，RCA 超过 2.5
的部门比重从 1997 年开始逐步上升，从占全部部门出口额 19.82% 左右
跃升至 2005 年的 54.9%，而从 2007 年开始，由于国际市场需求萎缩、
原材料价格普遍上涨等原因，比重又开始下降，直到 2014 年的 40.59%。
这一结构变迁趋势符合国际贸易市场的变动特征，也与中国对外贸易进
入新常态后整体货物贸易结构的变化相吻合。

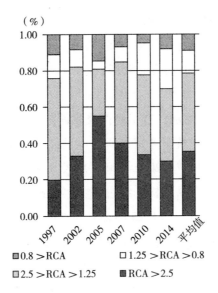

图 6 - 3　1997 ~ 2014 年浙江省出口货物贸易 RCA 指数分布

二、浙江省生产性服务贸易发展较快，对货物贸易结构升级有显著促进作用

本章采用各服务部门出口的生产性服务贸易额来度量浙江省生产性服务贸易结构。生产性服务（也称生产者服务）是指被其他商品和服务生产者用作中间投入的服务。在此基础上，生产性服务贸易可以定义为组成某一产业全球价值链的外包生产中间投入的服务性活动。综合前期文献对生产性服务贸易细分部门的取舍，本章主要关注对货物贸易可能产生影响的服务贸易部门，最终确定了建筑服务贸易、运输仓储服务贸易、邮政服务贸易、计算机与信息技术服务贸易、金融保险服务贸易、综合技术服务贸易、租赁与商业服务和其他社会服务贸易等八个部门。

浙江省服务贸易发展迅速。2009 ~ 2013 年间，浙江省服务贸易进出口的年均增幅达到 20% 以上，高于同期货物进出口的年均增幅。截至 2014 年，服务贸易进出口总额占全省外贸总额 9.7%，占全国服务贸易总额 6.3%，规模列全国第四，居北京、上海和广东之后。同时，浙江省服务贸易结构合理，生产性服务贸易所占比重较大。2014 年，浙江省在服务贸易 12 个细分部门中有 5 个部门保持顺差，其中 4 个部门都属于生产性服务贸易，尤其是运输服务贸易、国际服务外包和建筑服务贸易顺差额分别达到 71.03 亿美元、56.81 亿美元和 56.45 亿美元，为顺差排名前三的部门。

根据表 6-1 来考察浙江省生产性服务贸易在各个货物贸易细分部门的投入额，本章发现建筑服务贸易所占比重最大，远远超过其他各个生产性服务贸易部门，1997~2014 年间平均投入达到了 0.897 亿美元，说明在浙江省促进货物贸易结构升级过程中，建筑服务贸易起到了至关重要的作用。进一步以 RCA = 1.25 将浙江省 25 个货物贸易部门按比较优势分成高值和低值两组，在分组数据中，浙江省 RCA 高值组的建筑服务贸易额（0.788 亿美元）比低值组（0.998 亿美元）要小，仅为后者的78.93%，可能的原因在于浙江省具有比较优势的货物贸易部门主要集中在轻纺产品制造业、装配制造业等轻工业，所需建筑服务贸易作为基础设施的投入较小，而对生产性服务贸易基础设施要求较高的金属采选、机械制造等部门的货物贸易比较优势较弱。除了建筑服务贸易之外，运输仓储服务贸易（0.376 亿美元）、租赁和商业服务贸易（0.177 亿美元）计算机与信息技术服务贸易（0.090 亿美元），以及金融保险服务贸易（0.069 亿美元）也均在生产性服务贸易细分部门中占有较大比重。这全国情况形成强烈对比，即浙江省并非通过进口运输与金融保险服务，而是通过鼓励这两大服务项目出口来带动本省货物贸易发展。充分发展本土生产性服务出口更能够同时实现货物贸易与服务贸易协调发展。

表 6-1　　　1997~2014 年投入货物贸易中的生产性服务贸易金额

单位：亿美元

服务贸易项目	均值	最小值	最大值	RCA 高值分组均值	RCA 低值分组均值
建筑服务贸易	0.897	0	12.971	0.788	0.998
运输仓储服务贸易	0.376	0	28.866	0.736	0.043
邮政服务贸易	0.009	0	0.285	0.014	0.004

服务贸易项目	均值	最小值	最大值	RCA 高值分组均值	RCA 低值分组均值
计算机信息与技术服务贸易	0.090	0	3.847	0.041	0.137
金融与保险服务贸易	0.069	0	3.137	0.103	0.039
租赁与商业服务贸易	0.177	0	4.169	0.289	0.073
综合技术服务贸易	0.049	0	1.767	0.019	0.077
其他社会服务贸易	0.064	0	1.391	0.096	0.033

资料来源：根据浙江省投入产出表计算得到。

三、服务贸易新业态迅速崛起，带动货物贸易结构快速升级

2015 年李克强总理在政府工作报告中首次提出"互联网＋"的概念，精准概括了近两年来服务贸易发展中的新动向。在以互联网为首的技术进步浪潮中，服务贸易领域内的各个细分部门边界开始模糊，逐渐发生交互与融合，从而产生了新兴的产业形式，即服务贸易的新业态，包括跨境电子商务、互联网金融、现代物流与国际快递等，同时具有技术密集型与知识密集型的特点。这些新业态的迅速发展，大大促进了浙江省服务贸易规模的发展、贸易结构的优化，同时通过生产性服务贸易的公共物品功能的渗透作用，进一步推动了货物贸易结构的快速升级。

（一）跨境电子商务

跨境电子商务是指不同国家或地区的交易双方，通过互联网或移动互联进行交易，以国际邮件或者快递等形式通关，以数额小、次数多、速度快为特点的新的国际贸易模式。它是电子商务促进货物贸易发展的新形式，发展极其迅速。2014 年中国电子商务交易总额已经达到了 13.4 万亿元，同比增长 28.8%，网络零售交易总额接近了 2.8 万亿元，同比增长 49.7%。其中，2014 年我国跨境电商交易规模达到 4.2 万亿元，同比增长 33.3%，高于电子商务市场 31.4% 的平均增长水平（中国电子商务研究中心，2015)①。

---

① 中国电子商务研究中心发布《2014 年度中国电子商务市场数据监测报告》2015.04.08. www.100ec.cn

浙江省的跨境电子商务发展居于全国领先水平，这得益于浙江省民营企业对市场趋势的敏锐把握以及政府的大力支持。2014 年，杭州海关支持地方在杭州跨境电子商务产业园（下城园区）开展"一般出口""直购进口"跨境业务，在下沙园区开展"直购进口""网购保税进口"跨境业务，在金华及义乌开展"一般出口"跨境业务，大幅度提升了通关效率。以义乌为例，近年来，义乌致力于改革传统的贸易方式，通过打造"义乌购"等电商平台，以及发展微商等依托移动终端进行营销的创新模式，充分利用传统的大规模实体市场、丰富的网络货物资源以及成熟高效的物流网络，成功将传统的线下贸易市场转变为跨境电子商务中心和网商营销聚集地，开发出线上线下互动的新型贸易发展模式。2014 年，浙江省出口"义乌小商品"1238 亿元，增长 30.3%，占全省出口总值的 7.4%，对 2014 年全省出口增长的贡献率达到 19.7%，通过互联网技术整合传统贸易，成功推动了货物贸易与服务贸易持续性协调发展①。

（二）互联网金融

互联网金融也是服务贸易新业态的重要代表，它是指依托网络技术、移动通信技术以及电子商务等一系列现代信息科学技术实现的资金融通的新型金融服务模式。目前主要涉及第三方支付、P2P 网贷、众筹、大数据金融和信息化金融机构等多重业态和业务领域。改革开放以来，中国的资本市场是高度依赖银行贷款的，从小微企业的角度来看其融资模式成本过高，从银行部门的角度来看其融资模式对小微企业和低收入人群的借贷成本过高，而互联网金融拥有中间服务成本更低、操作更便捷等多重特征，大幅度降低外贸企业的融资成本，同时扩大了货物贸易和服务贸易的生产可能性边界。其中，浙江省企业阿里巴巴是这一新型业态的行业领导者，截至 2016 年，阿里巴巴余额宝累积达到 1.43 万亿元的人民币存款，成为全球第四大货币基金。据中国人民银行的统计数据

---

① 数据来源：2014 年浙江省国民经济和社会发展统计公报．浙江统计信息网．http：//www. zj. stats. gov. cn/tjgb/gmjjshfzgb/201502/t20150227_153394. html. 2015. 11. 29.

显示，2014 年移动支付业务笔数达到 45.24 亿笔，金额 22.59 万亿元，分别同比增长 1.7 倍和 1.3 倍①。

（三）现代物流与国际快递

跨境电子商务的跨越式发展进一步引发了对现代物流的巨大需求，庞大高效的国际快递网络是助推跨境电子商务持续高速发展的重要保障。根据国家邮政局的数据显示，2014 年，全国快递业务量完成 139.6 亿件，同比增长 51.9%，首次超过美国，跃居世界第一，快递业进入高速增长期，市场需求强劲。而浙江省物流业再次为全国发展提供了样板，义乌依托国际小商品集散地的优势，早已经具备了覆盖全国的物流网络，2013 年又被批准成为全国首批的 17 个国际陆港城市之一。在"一带一路"倡议中，"义新欧"（义乌—新疆—马德里）铁路货运班列的开通，连接了亚洲、欧洲两个最大的小商品市场，大大提升了货物贸易的效率。在海运方面，浙江省依托杭州湾、宁波港等国际良港的成熟交通运输网络与良好区位优势，积极推进跨境电商公共海外仓建设，力争实现"本土直邮"。跨国物流的新发展助推国外与本国之间生产要素的自由流动，并且致力于为中国企业"走出去"解决货物仓储问题，这些举措将使货物贸易与服务贸易协调发展向前迈进一大步。

四、服务贸易促进货物贸易结构升级的机制

根据浙江省货物贸易与服务贸易从结构上协调发展的成功经验出发，本章从理论上总结了可供全国学习并普及的经验与机制，即从技术进步、贸易协调沟通成本与基础设施三个方面出发，按照琼斯和凯日科夫斯基对货物贸易的影响机制将生产性服务贸易分为三个部门：技术部门、基础服务部门以及基础设施部门，具体划分见表 6-2（Jones and Kierzkowski，1990）②。

---

① 资料来源：央行：2014 年移动支付金额同比增长 134.30%. 新华网 . http：// news. xinhuanet. com/fortune/2015 -02/12/c_127489327. htm. 2015. 02. 12.

② Jones R. W. and H. Kierzkowski. The Role of Services in Productionand International Trade：A Theoretical Framework［J］. RCER Working Papers，1990：31 -48.

表 6 – 2 生产性服务贸易结构划分

生产性服务贸易结构	细分部门
技术部门	计算机与信息技术服务贸易、综合技术服务贸易
基础服务部门	运输仓储服务贸易、邮政服务贸易、金融保险服务贸易、租赁与商务服务贸易以及其他社会服务贸易
基础设施部门	建筑服务贸易

资料来源：根据琼斯和凯日科夫斯基（Jones 和 Kierzkowski，1990）提出的生产性服务贸易参与货物贸易生产的机制，本章采用 SPSS17.0 对 1997～2010 年浙江省投入产出表列示的生产性服务贸易的八个细分部门出口额进行因子分析法降维，生成了三个因子，即技术水平因子、基础服务因子和基础设施因子，并将各个因子中所包含的细分部门归纳为技术部门、基础服务部门与基础设施部门。由于文章篇幅所限，本章未报告因子分析处理过程，需要的读者可向笔者索取。

（一）技术部门的规模报酬递增，通过新业态与其他部门融合，形成全新推动力

贸易成本理论认为服务贸易中的技术部门具有规模报酬递增效应，技术进步能够不断降低贸易总成本曲线的边际成本，使其斜率降低，扩大生产可能性边界。因此，技术进步势必带来效率提升，从而提高从事货物贸易的跨国公司利润，带动货物贸易结构优化。而在第三次科技革命的浪潮中，计算机信息技术或互联网逐渐成为各行业普及的载体，能够通过技术租金使得传统行业同样获得规模报酬递增的优势，使得信息技术的快捷和各个行业的传统经验相结合。在开启"互联网＋"的全新模式下，对生产性服务贸易其他部门起到支撑作用，与之相融合形成新业态，更好地发挥这两个部门的协调沟通与公共物品作用，降低这些部门的总体边际成本，同时大大提升货物贸易与服务贸易的生产效率，形成新的比较优势，促进货物贸易与服务贸易结构升级。

（二）基础服务部门发展降低货物贸易生产环节之间的沟通协调成本

基础服务部门是指在生产性服务贸易中起到沟通协调作用的各部门，

包括连接货物生产与贸易的运输与仓储、交流信息的邮电通信、起到中介作用的金融与保险、商业租赁业与其他社会服务业。基础服务部门是承担连接货物贸易各生产环节之间联系的主体部门，由于劳动分工与生产专门化，贸易过程中的各个生产环节逐渐分离，生产性服务就成为两个地区间生产的联系纽带。当要素可以在国家之间自由流动时，货物贸易生产进一步转移到国与国之间，生产性服务也就逐渐升级为生产性服务贸易。发达的基础服务部门能通过不断降低生产环节的沟通协调成本来提高货物贸易生产效率，构建良好的外商投资环境，吸引更高技术附加值的生产环节落户，从而形成良性循环，带动货物贸易与服务贸易结构共同优化，实现整体升级。

（三）基础设施部门充分发挥公共物品功能，提升货物贸易效率

在生产性服务贸易中，建筑服务贸易作为唯一的基础设施部门，发挥了公共物品功能。首先，除了那些专门适用于某些特定行业的服务设施之外，生产性服务设施很容易在各个货物贸易部门之间溢出。其次，建筑服务贸易中的对外工程承包通过承接国外工程项目或与国外承包商联合承包，与国际先进建筑标准接轨，通过"干中学"提升本土建筑行业施工水平；同时对外工程承包还包括在我国境内利用外资进行建设的工程项目，大大有助于提升我国建筑设施基础水平，从而带动货物贸易整体结构升级，效率提高。

五、新常态下我国实现货物贸易与服务贸易协调发展的策略

《中共中央关于制定国民经济和社会发展第十三个五年规划的建议》（以下简称《"十三五"规划建议》）发布，在中国对外贸易步入新常态的大趋势下，贸易结构优化升级重要性愈加突出[①]。本章基于浙江省先进经验的研究发现：大力拓展生产性服务贸易，加强生产性服务贸易中

---

① 关于《中共中央关于制定国民经济和社会发展第十三个五年规划的建议》的说明. 人民网. 2015. 11. 04. http：//politics. people. com. cn/n/2015/1104/c1024 - 27773478. html

的基础设施部门和基础服务部门建设，尤其是充分发展"互联网＋"新业态，能够有效实现货物贸易与服务贸易协调发展以及结构的双优化。因此，在新常态下浙江省的经验对落实"十三五"规划里中国货物贸易与服务贸易的协调发展具有重要启示意义。

（一）扩大对生产性服务贸易中的技术部门投资，使之最大限度发挥规模递增效应

从浙江省新型服务贸易发展现状来看，服务贸易技术部门，尤其是以"互联网＋"为代表的新业态在提升浙江省对外贸易整体效率，实现货物贸易与服务贸易结构双重转型的过程中，发挥了越来越重要的作用。目前，在浙江省货物贸易 RCA 高值组部门中，服务贸易的技术部门投入较其他细分部门来说有不足之处，仍有很大的提升空间。这些部门一旦得到大力投资，势必大大增强生产性服务贸易中技术部门的国际竞争力，反过来，这些技术部门又将进一步发挥它们的规模递增效应，降低货物贸易的边际成本，在扭转服务贸易逆差的同时实现货物贸易结构的根本性优化。

（二）有效发挥生产性服务贸易中的基础服务部门与基础设施部门的协调与外溢作用

生产性服务贸易中基础服务部门的主要作用是对货物贸易生产环节之间进行沟通与协调、降低运营与融资成本。而生产性服务贸易中的基础设施部门相当于公共物品，能够在货物贸易各个细分部门之间产生外溢作用，提升货物贸易整体效率。从浙江省的成功经验来看，这两个部门在货物贸易与服务贸易的协调发展中发挥了重要作用。在中国经济发展的新常态背景下，在寻找中国对外贸易结构转型的新推动力时，必须高度重视生产性服务贸易中的这两个部门的作用。因此，政府部门应当继续保持或提高对基础服务部门和基础设施部门的投资与政策优惠力度，尤其关注能够与技术部门产生融合形成新业态的部门，例如金融与保险服务贸易、运输仓储服务贸易、商业与租赁服务贸易以及建筑服务贸易等的发展。

（三）充分利用巨额货物贸易市场培育新业态，新业态崛起推动货物贸易结构转型

《"十三五"规划建议》强调进出口平衡，以往各种低成本要素附加在传统货物贸易上，驱动货物贸易出口规模爆发式增长的趋势已经减缓[81]。在对外经贸新常态下，必须加紧寻找、认识和培育新的比较优势。跨境电子商务、互联网金融等新业态是占据国际价值链中高端且具资本密集等优势的高附加值的新兴生产性服务，能支撑我国货物贸易进一步大规模出口。从浙江省的成功经验看出，货物贸易中的通信设备、计算机及电子设备制造业，仪器仪表及机械制造业等部门的发展对提升服务贸易中技术部门（如计算机与信息技术服务贸易、综合技术服务贸易）的效率起到了积极作用，从而应当充分利用货物贸易中的技术性商品来培育新业态。为了进一步发挥货物贸易的规模优势，跨境电子商务服务以传统的民营经济专业化大市场为依托迅速顺势崛起，为国内外商品贸易搭建平台。

（四）正确引导新业态的规范有序发展，为我国经济新常态提供可持续引擎

《"十三五"规划建议》指出，要引导对外贸易新模式朝着高质量"引进来"与大规模"走出去"双引擎协调发展。但是如果我国能够抓住国际经贸一体化和全球产业大转移的趋势，在最短的时间内通过模仿和学习，以及再创新掌握新业态的发展要领，则可以高效过渡到新业态下各类新兴服务部门"进口替代"，甚至是"出口导向"的贸易优势，从而实现在中长期高端服务贸易与货物贸易协调发展。新业态不仅是国内产业发展的可持续引擎，更将有利于日后我国参与制定全球经贸规则，因此经济新常态离不开新业态的战略支撑，否则经济新常态将难以持续。

第二节　浙江省服务贸易促进货物贸易结构升级的实证分析

一、模型设立与变量选择

（一）变量体系

1. 显示性比较优势指数

巴拉萨（Balassa，1965）通过构造显示性比较优势指数（RCA 指数）来衡量一国某一产业是否具有国际竞争力，本章引入这一指数作为度量货物贸易结构的变量[①]。具体计算公式为：

$$RCA_j = \frac{X_{zj} / \sum_{j=1}^{n} X_{zj}}{X_{cj} / \sum_{j=1}^{n} X_{cj}} \qquad (6-1)$$

其中，X_{zj} 表示浙江省 j 类产品的出口额，X_{cj} 表示中国 j 类产品的出口额，$\sum X_{zj}$ 表示浙江省包括商品和服务在内的全部出口额；$\sum X_{cj}$ 表示中国商品和服务的出口额。RCA 指数的大小反映了一国 j 产品的国际竞争力。RCA 小于 0.8，则可认为该国该产业的国际竞争力比较弱；RCA 介于 1.25 ~ 0.8 之间，说明该国该产业具有中度的国际竞争力；RCA 介于 2.5 ~ 1.25 之间，表明该国该产业具有较强的国际竞争力；RCA 大于 2.5，表明该国该产品具有极强的国际竞争力（蒋庚华，2011）[②]。同时，本章将对称性比较优势指数（RSCA）作为替代变量来进行稳健性检验。

2. 生产性服务贸易额

本章采用各服务部门出口的生产性服务贸易额来度量生产性服务贸

[①] Balassa, Bela., Trade Liberalisation and "Revealed" Comparative Advantage [J]. *General & Introductory Economics*, 1965, 33 (2), 99 – 123.

[②] 蒋庚华. 中国服务贸易结构问题研究 [D]. 长春：东北师范大学，2011.

易结构。本章在前期文献基础上考虑对货物贸易的影响程度,确定生产性服务贸易的外延,即以下八个部门:建筑服务贸易、邮政服务贸易、金融保险服务贸易、运输仓储服务贸易、计算机与信息技术服务贸易、租赁与商业服务贸易、综合技术服务贸易以及其他社会服务贸易。同时,考虑到生产性服务贸易的中间投入性质,本章沿用顾国达和周蕾(2010)的方法,将生产性服务贸易额界定为:(某部门服务业中间投入额/国内总产出)×服务贸易出口额①。

3. 生产性服务贸易因子

本章拟采用面板 VAR(PVAR)模型分析货物贸易结构与服务贸易结构的协同性,由于 PVAR 模型是采用变量矩阵形式放入模型,事先并不假定变量之间的因果关系,因此需要采用因子分析法对生产性服务贸易的八个部门出口额进行降维,按其对货物贸易的影响机制分为三个因子:技术水平因子、基础服务因子和基础设施因子,并由此将服务贸易结构分为对应的基础设施部门、基础服务部门与技术部门。其中,基础设施部门包括建筑服务贸易;基础服务部门包括运输仓储服务贸易、邮政服务贸易、金融保险服务贸易、租赁与商务服务贸易以及其他社会服务贸易;技术部门包括计算机与信息技术服务贸易、综合技术服务贸易。

4. 控制变量

根据相关文献的论述,诸多因素对货物贸易结构产生了重要影响,本章在综合前期文献基础上选取了以下三个变量作为模型的控制变量,分别是货物贸易消耗的劳动与资本要素禀赋,包括劳动人数和资本存量,以及研发投入。

(二)模型建立

首先,为了验证各生产性服务贸易细分部门对货物贸易结构的影响,本章设定如下线性模型:

$$RCA_{it} = \alpha_0 + \alpha_1 X_{it} + \alpha_2 controls + \varepsilon_i \qquad (6-2)$$

---

① 顾国达,周蕾. 全球价值链角度下我国生产性服务贸易的发展水平研究——基于投入产出方法 [J]. 国际贸易问题,2010(05):61-69.

其中，i 表示货物贸易各个部门；t 表示年份；RCA 表示浙江省货物贸易显示性比较优势指数；X 表示浙江省八个部门生产性服务贸易额，包括建筑服务贸易（Const）、运输仓储服务贸易（Transp）、邮政服务贸易（Post）、计算机与信息技术服务贸易（Computer）、金融保险服务贸易（Finance）、租赁与商务服务贸易（Business）、综合技术贸易（Tech）和其他社会服务贸易（Social）；Controls 表示控制变量，包括浙江省劳动人数（Labour）、资本存量（Capital）和研发投入（RTD）；ε_i 表示残差项。

其次，为了验证生产性服务贸易结构与货物贸易结构的协调发展关系，本章拟采用 PVAR 模型，即面板向量自回归方法。这种技术结合了传统的 VAR 方法，这种方法通过面板数据方法，使得本章能够包含观察不到的个体异质性。该模型基本设定如下：

$$Z_{it} = \tau_0 + \tau_1 Z_{it-1} + f_i + d_t + \varepsilon_i \qquad (6-3)$$

向量自回归模型可以用来预测相关联的经济时间序列系统，并分析随机扰动因素的冲击，并进一步解释这种冲击对经济变量所产生的影响。根据洛夫和兹曲诺的模型原理在于把模型里的所有变量都看成是内生的，将因变量与自变量以矩阵形式进行向量自回归，完全从数据出发，判断货物贸易与服务贸易的协调发展程度，以及到底是哪个变量起主导作用（Love and Zicchino, 2006）[①]。其中，Z_{it} 表示变量矩阵，包括浙江省货物贸易显示性比较优势指数（RCA），服务贸易技术水平因子（Science）、协调成本因子（Coord）和基础设施因子（Infra）；f_i 表示个体效应，d_t 表示年度效应，ε_i 表示残差项。

二、数据与模型估计

本章数据来源于浙江统计年鉴发布的 1997、2002、2005、2007 年及 2010 年 40 部门浙江投入产出表，以及中国投入产出学会发布的相同年份

---

① Love I.；L. Zicchino. Financial development and dynamic investment behavior：Evidence from panel VAR [J]. The Quarterly Review of Economics and Finance, 2006 (46) 190 – 210.

中国投入产出表①，本章选取这五个年度投入产出表的 25 个货物出口部门作为样本，总体样本共计 125 个。

（一）描述性统计

表 6 – 3 列出了浙江省货物贸易显示性比较优势指数与生产性服务贸易额的描述性统计。根据国际标准，划分 RCA 高低的分界点是 1.25，超过 1.25 则该产品国际竞争力较强，低于 1.25 则该产品国际竞争力较弱，$RSCA$ 则以 0 为划分标准。而通过表 6 – 3 可见，该省 25 个货物贸易部门的 RCA 均值为 1.203，接近国际较强竞争力标准，而 $RSCA$ 均值则偏低（ – 0.153），没有达到国际较强竞争力标准。根据表 6 – 3 观察该省生产性服务贸易额，本章发现建筑服务贸易在货物贸易部门投入中所占比重最大，且远远超过其他各个生产性服务贸易部门，平均投入达到了 7.081 亿元，说明在促进货物贸易结构升级过程中，生产性服务贸易中的基础设施部门占有最重要地位。接下来依次是运输仓储服务贸易（2.968 亿元）与租赁业和商业服务贸易（1.394 亿元）。本章进一步以 $RCA = 1.25$ 将 25 个货物贸易部门按比较优势分成高值和低值两组，在分组样本数据中，本章注意到：RCA 高值组的建筑服务贸易额（6.22 亿元）比低值组（7.88 亿元）要小，仅为后者的 78.93%，可能的原因在于该省具有比较优势的货物贸易部门主要集中在工艺品、纺织业等轻工业，所需服务贸易基础设施投入较小，而对生产性服务贸易基础设施要求较高的金属采选、机械制造等部门的货物贸易比较优势较弱。相似的情况也同样出现在信息传输、计算机与软件服务贸易和综合技术服务贸易上，说明该省货物贸易部门中占比较优势的部门在技术附加值上还有待进一步提高。由于中国整体货物贸易结构也长期呈现比较优势部门技术附加值偏低的特征，因此，浙江省样本经验具有极强代表性。

---

① http：//www.iochina.org.cn/Download/xgxz.html。

表 6 - 3   1997 ~ 2010 年浙江省货物贸易显示性比较优势指数与生产性
服务贸易额描述性统计

变量名称	总体样本平均值	总体样本中位数	总体样本标准差	总体样本最小值	总体样本最大值	RCA 高值分组平均值	RCA 低值分组平均值
RCA	1.203	1.021	1.230	0	5.174	1.89	0.63
RSCA	-0.153	0.010	0.566	-1	1.000	0.18	-0.46
Const	7.081	0.935	16.191	0	102.418	6.22	7.88
Transp	2.968	0.138	20.600	0	227.926	5.81	0.34
Post	0.071	0.002	0.275	0	2.247	0.11	0.03
Computer	0.712	0.004	3.502	0	30.375	0.32	1.08
Finance	0.545	0.049	2.397	0	24.770	0.81	0.31
Business	1.394	0.009	4.406	0	32.922	2.28	0.58
Tech	0.390	0.009	1.554	0	13.954	0.15	0.61
Social	0.503	0.037	1.369	0	10.984	0.76	0.26

注：RCA 与 RSCA 数值无量纲，各生产性服务贸易额单位为亿元。

如表 6 - 4 所示，按照 RCA = 1.25 可以将浙江省 25 个货物贸易部门分为比较优势较强和比较优势较弱两个组别。其中，工艺品制造业、纺织服装鞋帽制品业与纺织业是浙江省最具有比较优势的三个部门，由此可以证明本章对浙江省出口贸易的一般性认识，即比较优势部门在于轻工业与日常用品。尤其是工艺品制造业和纺织服装鞋帽制品业的 RCA 超过 2.5，具有非常高的国际竞争力。而在 RCA 低值组中，石油和天然气开采业、仪器仪表与通信设备、电子制造业等重工业或技术附加值高的工业的 RCA 甚至低于 0.8，说明浙江省的货物贸易出口具有鲜明特征，即与日常生活息息相关的轻工业发展良好，而技术密集型或资本密集型的重工业则相对薄弱。

表 6 – 4　　浙江省 25 个货物贸易部门 *RCA* 与 *RSCA* 平均值比较

	RCA	*RSCA*
RCA 高值组		
工艺品及其他制造业	2.821	0.426
纺织服装鞋帽皮革羽绒及其制品业	2.644	0.397
纺织业	2.441	0.371
交通运输设备制造业	2.134	0.321
石油加工、炼焦及核燃料加工业	1.906	0.100
RCA 高值组		
通用、专用设备制造业	1.762	0.191
金属矿采选业	1.594	- 0.280
电气机械及器材制造业	1.560	0.206
农林牧渔业	1.552	0.057
木材加工及家具制造业	1.513	0.123
食品制造及烟草加工业	1.467	0.131
化学工业	1.466	0.165
RCA 低值组		
金属制品业	1.241	0.065
造纸印刷及文教体育用品制造业	1.214	- 0.028
非金属矿物制品业	0.984	- 0.071
金属冶炼及压延加工业	0.874	- 0.161
石油和天然气开采业	0.770	- 0.461
废品废料	0.685	- 0.549
仪器仪表及文化办公用机械制造业	0.510	- 0.421
通信设备、计算机及电子设备制造业	0.267	- 0.615

续表

	RCA	*RSCA*
非金属矿及其他矿采选业	0.240	− 0.644
电力、热力的生产和供应业	0.216	− 0.792
煤炭开采和洗选业	0.209	− 0.757
水的生产和供应业	0.000	− 1.000
燃气生产和供应业	0.000	− 0.600
平均值	1.203	− 0.153

（二）线性模型回归结果

本章使用面板数据固定效应模型对模型（2）进行估计，回归结果呈现于表6－5。前4列是分析八部门生产性服务贸易额对货物贸易显示性比较优势指数 *RCA* 的影响。其中，第（1）列显示，建筑服务贸易（archit）、运输仓储服务贸易（transp）、金融保险服务贸易（finance）和租赁商业服务贸易（business）均与 *RCA* 显著正相关，其中金融保险服务贸易（finance）的贡献度达到 0.889，为贡献度最高的生产性服务贸易部门，与琼斯和凯日科夫斯基（Jones 和 Keirzkowski，1990）以及戈卢布等（Golub et al.，2007）的结论一致。上述四个细分部门中，除了建筑服务贸易属于基础设施部门外，其余三个部门均属于代表生产性服务贸易协调沟通效率的基础服务部门。同时，本章注意到邮电服务贸易（Post）与 *RCA* 显著负相关，说明浙江省的邮政通信相对薄弱，没有如理论分析中所说起到促进货物贸易结构升级的作用。在接下来的第（2）～（4）列中，本章分别控制了年度虚拟变量和产业虚拟变量，回归结果基本保持稳定，因此本章可以得出结论，在货物贸易结构优化升级时，建筑服务贸易、运输仓储服务贸易、金融保险服务贸易与租赁商业服务贸易等的生产性服务贸易基础设施部门与基础服务部门的发展起到了显著地促进作用，支持了前期文献的理论和实证研究结论。而这一点也与全国情况形成强烈对比，即浙江省并非通过进口运输与金融保险服务，而是通过大力发展这两大服务项目出口来带动本省货物贸易发展。第（5）列中，在将因变量换为对称性显示性比较优势指数 RSCA 来进行稳健性检验之后，上述数据结果保持稳定，说明模型稳健成立。

表6–5　总体样本下浙江省生产性服务业对出口货物贸易结构影响

的固定效应模型结果

	RCA				RSCA
	（1）	（2）	（3）	（4）	（5）
Const	0. 149 **	0. 071 **	0. 149 **	0. 071 **	0. 165 **
	（2. 2）	（1. 96）	（2. 2）	（1. 96）	（2. 34）
Transp	0. 757 ***	0. 616 ***	0. 757 ***	0. 616 ***	0. 801 ***
	（3. 4）	（2. 74）	（3. 4）	（2. 74）	（3. 45）
Post	− 0. 380 *	− 0. 341 *	− 0. 380 *	− 0. 341 *	− 0. 370 *
	（− 1. 93）	（− 1. 67）	（− 1. 93）	（− 1. 67）	（− 1. 80）
Comp	0. 681	− 8. 286	0. 681	− 8. 286	2. 563
	（0. 05）	（− 0. 57）	（0. 05）	（− 0. 57）	（0. 17）
Finance	0. 889 *	0. 491	0. 889 *	0. 491	1. 092 **
	（1. 71）	（0. 89）	（1. 71）	（0. 89）	（2. 01）
Business	0. 328 *	0. 24 *	0. 328 *	0. 24 *	0. 362 *
	（1. 67）	（1. 74）	（1. 70）	（1. 76）	（1. 69）
Tech	0. 385	0. 025	0. 385	0. 025	0. 407
	（0. 7）	（0. 04）	（0. 7）	（0. 04）	（0. 71）
Social	− 0. 647	− 0. 566	− 0. 647	− 0. 566	− 0. 665
	（− 1. 63）	（− 1. 42）	（− 1. 63）	（− 1. 42）	（− 1. 61）
_cons	73. 937 *	83. 751	73. 937 *	83. 751	57. 529
	（1. 72）	（1. 4）	（1. 72）	（1. 4）	（1. 28）
控制变量	√	√	√	√	√
年度特征		√		√	√
产业特征			√	√	√
N	125	125	125	125	125
Adj R^2	0. 132	0. 188	0. 132	0. 188	0. 157

注：＊＊＊、＊＊和＊分别代表在1%、5%和10%水平上拒绝原假设，括号中为基于White 异方差标准误计算而得的 t 值。

在对 RCA 进行分组后再次进行回归分析时，数据结果与总体样本相比出现了变化，回归结果呈现在表 6 - 6 中。首先，建筑服务贸易（Archit）在两个分组回归中均保持了一贯的显著正相关特征，再次说明在优化货物贸易结构时，生产性服务贸易基础设施的建设占有重要位置，但是建筑服务贸易在 RCA 高值组中的贡献度（0.355）显著高于 RCA 低值组（0.109），结合表 6 - 4 描述性统计中所发现的数据特征，即 RCA 高值组的基础设施投入远远小于 RCA 低值组，本章可以得出结论：根据浙江省货物贸易结构特征，对 RCA 较高的部门扩大生产性服务贸易基础设施建设，将收到投资小收益高的良好效果。其次，除了建筑服务贸易以外，在第（1）列 RCA 高值组回归结果中，对货物贸易结构有显著积极影响的部门是运输仓储服务贸易（transp）和金融保险服务贸易（finance），与总体样本的结论基本保持一致。这一数据结果再次充分证明，带动货物贸易发展与结构升级，并非完全依靠进口先进服务，充分发展本土生产性服务出口更能够同时实现货物贸易与服务贸易协调发展。而在第（3）列 RCA 低值组回归中，只有租赁商业服务贸易（business）继续与货物贸易结构升级保持显著正相关，而其他社会服务贸易（social）甚至对货物贸易结构优化有显著消极影响。在使用 RSCA 进行稳健性检验后，上述结论基本保持一致，模型稳健成立。

表 6 - 6　分组样本下浙江省生产性服务业对出口货物贸易结构影响的固定效应模型结果

| | RCA 高值组 | | RCA 低值组 | |
| | RCA | RSCA | RCA | RSCA |
	(1)	(2)	(3)	(4)
Const	0.355 **	0.402 **	0.109 ***	0.111 ***
	(2.08)	(2.27)	(3.32)	(3.3)
Transp	0.585 *	0.597 *	− 0.262	− 0.249
	(1.75)	(1.72)	(− 0.47)	(− 0.43)

	RCA 高值组		RCA 低值组	
	RCA	RSCA	RCA	RSCA
	（1）	（2）	（3）	（4）
Post	-0.548	-0.517	-0.022	-0.02
	（-1.28）	（-1.17）	（-0.13）	（-0.11）
Comp	-0.736	-0.505	3.62	5.384
	（-0.25）	（-0.17）	（0.67）	（0.98）
Finance	1.930*	2.280*	0.291	0.392
	（1.74）	（1.99）	（1.01）	（1.33）
Business	0.04	0.029	1.803***	1.831***
	（0.12）	（0.08）	（3.67）	（3.64）
Tech	0.119	0.292	0.409	0.397
	（0.03）	（0.08）	（1.09）	（1.03）
Social	-0.585	-0.624	-1.811***	-1.776***
	（-0.94）	（-0.96）	（-4.12）	（-3.94）
_cons	183.158**	159.604*	-26.985	-32.848
	（2.09）	（1.76）	（-1.03）	（-1.22）
控制变量	√	√	√	√
年度特征	√	√	√	√
产业特征	√	√	√	√
N	60	60	65	65
Adj R2	0.117	0.158	0.245	0.256

注：***、**和*分别代表在1%、5%和10%水平上拒绝原假设，括号中为基于 White 异方差标准误计算而得的 t 值。

（三）向量自回归模型结果

$PVAR$ 模型主要由三个部分组成：一是模型检验，以确定模型是否成立并可以具备预测作用；二是面板矩估计（GMM），说明变量之间的回归关系；三是脉冲反应函数，生成冲击反应图来观察冲击对模型内生变量的影响。

首先，对 PVAR 模型进行稳定性检验，即 AR 根检验，因为 PVAR 模型只有是稳定的才能进行后续的脉冲响应分析。如果 PVAR 模型所有根模的倒数都小于1，即都在单位圆内，则该模型是稳定的；如果 PVAR 模型所有根模的倒数都大于1，即都在单位圆外，则模型是不稳定的。由图 6 - 4 可知，AR 所有根模都位于单位圆内，因此，AR 根检验通过，该模型稳定成立。

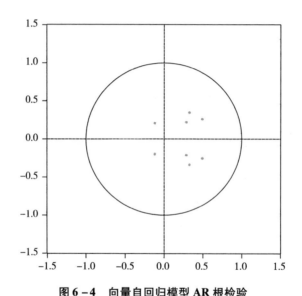

图 6 - 4　向量自回归模型 AR 根检验

其次，为了对该模型进行估计，需要选取 PVAR 模型合适的滞后阶数。文献中广泛选取三大准则来确定最佳滞后阶数，分别是 AIC、BIC 和 HQIC，其原理是根据 AIC、BIC 和 HQIC 三个准则来计算残差平方和，最小者即为最优选择。检验的结果汇总在表 6 - 7 中，本章可以看出三大准则都建议该 PVAR 模型的滞后阶数取 1 比较合适，即使用 PVAR（1）模型进行分析。

表 6 - 7　　　　　　　　　　　PVAR 模型滞后阶数标准

Lag	LogL	AIC	BIC	HQIC
0	- 1390. 694	23. 24491	23. 33782	23. 28264
1	- 1318. 602	22. 31004 *	22. 77462 *	22. 49871 *
2	- 1307. 684	22. 39473	23. 23098	22. 73434
3	- 1298. 121	22. 50202	23. 70993	22. 99256
4	- 1273. 670	22. 36117	23. 94075	23. 00264
5	- 1266. 642	22. 51070	24. 46195	23. 30311

注：＊表示在该准则下建议的阶数。

　　在确定模型滞后阶数之后，根据 PVAR 估计方法，本章使用分组后的面板数据对模型（6.3）进行向量自回归 GMM 估计，结果见表 6 - 8。首先，在面板 A 中，对于 RCA 高值组样本来说，货物贸易结构并未对服务贸易结构优化起到显著作用。而滞后一阶的基础服务因子（Coord）与基础设施因子（Infra）均对货物贸易结构（RCA）有显著正面影响，与表 6 - 6 结果保持一致，再次证明对于货物贸易比较优势较高的部门来说，以建筑服务贸易为代表的基础设施部门与基础服务部门均有助于优化货物贸易结构。尤其值得注意的是，之后一阶的技术水平因子（Science）对基础服务因子（Coord）有显著正面影响，这一数据结果充分表明在生产性服务贸易内部各个细分部门之间，技术进步可以显著提高基础服务部门的效率，降低其成本，两者进行融合所产生的新业态，将极大地提升生产性服务贸易总体效率，形成新业态下各类新兴服务部门"进口替代"，甚至是"出口导向"的贸易优势。

　　其次，在面板 B 中，本章发现滞后一阶的服务贸易部门对货物贸易结构优化均无显著影响，说明在货物贸易比较优势较低部门中，生产性服务贸易并未发挥应有的连接各生产环节的积极作用。值得注意的是，在第（3）列中，滞后一阶的货物贸易显示性比较优势指数（RCA）对技术水平因子（Science）有正面影响，这一结果说明了浙江省依托货物贸易部门，如通信设备、计算机及电子设备制造业贸易和仪表仪器及机械制造业贸易等的发展对服务贸易技术水平的提高具有一定推动作用。而有了先进的技术水平和高端技术设备做支撑，跨境电子商务、互联网金融等同时具有技术密集型和知识密集型特点的新业态的持续性发展就有了基本保障。

表6-8　　　　　　　　分组样本向量自回归模型矩估计结果

	RCA(t)	Coord(t)	Science(t)	Infra(t)
面板 A:RCA 高值组样本				
RCA(t_1)	-3.603	-0.7	-0.399	-0.0525
	(-0.254)	(-0.512)	(-0.164)	(-0.049)
Coord(t_1)	1.229 **	0.287 *	-0.096	0.109
	(2.365)	(1.870)	(-0.347)	(0.897)
Science(t_1)	0.142	0.087 *	0.809 ***	-0.051
	(0.169)	(1.979)	(8.949)	(-0.810)
Infra(t_1)	0.521	0.131	-0.165	0.413 **
	(0.238)	(0.621)	(-0.443)	(2.511)
C	2.402 **	0.375	-0.145	-0.170 **
	(2.195)	(0.355)	(-0.774)	(-2.070)
面板 B:RCA 低值组样本				
RCA(t_1)	-0.247	-0.414	0.281 *	-0.266
	(-0.181)	(-0.316)	(1.755)	(-0.268)
Coord(t_1)	-2.75	0.518	-0.202	-0.118 *
	(-0.192)	(0.377)	(-0.218)	(-1.809)
Science(t_1)	-3.405	0.176	0.650 ***	-0.163
	(-0.164)	(0.088)	(4.820)	(-0.110)
Infra(t_1)	-7.284	-0.367	0.101	0.755 ***
	(-0.373)	(-0.195)	(0.793)	(5.421)
C	2.074	0.101	0.291	0.12
	(1.087)	(0.550)	(0.234)	(0.881)

注：＊＊＊、＊＊和＊分别代表在1%、5%和10%水平上拒绝原假设。

PVAR 模型关注的焦点是对未来的预测分析，因此，在对模型参数进行估计的基础上，必须进行脉冲响应函数分析。脉冲响应函数反映了模型当期扰动项的标准差变化对未来各期内生变量造成冲击的影响，以便有效地把握未来发展趋势。对 *RCA* 高值组样本来说，从基于 PVAR（1）系统的货物贸易显示性比较优势指数、服务贸易技术水平因子、基础服务因子与基础设施因子的脉冲响应结果（见图 6 – 5）看出，显示性比较优势指数（RCA）对基础服务因子（Coord）有冲击作用，且直到第 4 期才趋于平稳，说明货物贸易结构优化对服务贸易基础服务部门未来的发展起着一定作用，而 *RCA* 对另外两个服务贸易部门的冲击则几乎可忽略不计。另外，技术水平因子和基础设施因子对 *RCA* 的冲击作用较大，但主要集中于 2 ~ 4 期，并在第 3 期达到最大，说明这两个服务贸易部门在现期对 RCA 的影响很小，而对未来发展具有一定作用。这可能是由于建筑服务贸易与技术性服务贸易部门从投入到发挥作用具有较长周期，存在一定时滞性。

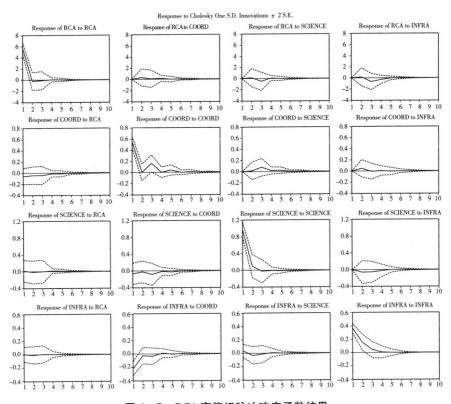

图 6 – 5　*RCA* 高值组脉冲响应函数结果

但是对于 *RCA* 低值组样本（见图 6 - 6），*RCA* 对基础设施因子未来发展的作用较大，直到第 5 期才趋于平稳，在第 3 期达到最大。而对技术水平因子的影响较小，但持续作用的期间较长。同时本章发现，这三大服务贸易结构因子对货物贸易结构的影响程度均小于 *RCA* 高值组样本，说明货物贸易比较优势较弱的部门与生产性服务贸易的联系较差，生产性服务贸易在货物贸易部门的投入程度与该部门比较优势的发挥有着直接的相关作用。

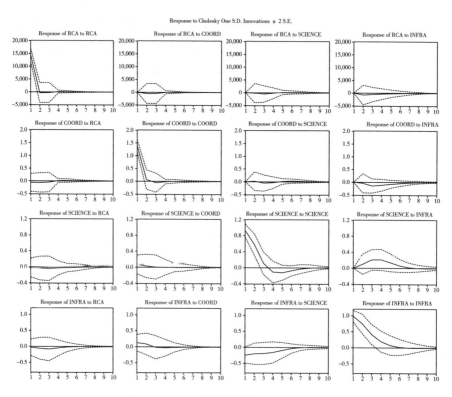

图 6 - 6　*RCA* 低值组脉冲响应函数结果

三、结论与政策含义

（一）相关结论

通过上述分析，本章得出如下主要结论：（1）生产性服务贸易发展能对货物贸易结构优化产生显著的积极作用。根据浙江省经验数据结果可知，生产性服务贸易各细分部门投入货物贸易生产能够有效提升货物贸易结构。其中，货物贸易比较优势较强的部门与生产性服务贸易的联系较为紧密，而那些比较优势较弱的部门与生产性服务贸易的联系则不明显。说明除了要素禀赋与相对技术差异之外，生产性服务贸易的参与程度与货物贸易结构优化正相关。（2）生产性服务贸易中的基础设施部门与基础服务部门发展有效降低货物贸易成本。无论对于货物贸易比较优势较强部门还是较弱部门来说，生产性服务贸易的基础设施部门（如建筑服务贸易）以及基础服务部门（如运输仓储服务贸易和金融保险服务贸易）都与其货物贸易结构优化显著正相关，对相关货物贸易发展发挥了重要作用。这一结论说明生产性服务贸易的基础设施部门与基础服务部门充分发挥了公共物品的积极作用，加强这两大服务贸易细分部门的发展将大大有利于提升贸易结构。（3）货物贸易中的技术性产品对服务贸易技术部门的发展具有促进作用。从浙江省的样本经验来看，与生产性服务贸易各部门对货物贸易结构较大的支持作用相比，货物贸易结构优化对提升生产性服务贸易结构的作用相对不明显。但货物贸易中的通信设备、计算机及电子设备制造业，仪器仪表及机械制造业等部门的发展对提升服务贸易中技术部门（如计算机与信息技术服务贸易、综合技术服务贸易）的效率具有正面作用。而生产性服务贸易技术水平提升后，反过来又将推动货物贸易结构持续向高技术附加值方向转型，从而互相促进，形成良性循环。

（二）政策建议

在中国对外贸易步入新常态的大趋势下，贸易结构优化升级显得愈加重要。以下是从贸易结构视角出发，基于浙江省经验为我国对外贸易新常态下的服务贸易和货物贸易协调发展提出的政策建议：（1）生产性服务贸易各部门发展对相应货物贸易结构优化具有单向促进作用，在轻工业等中国出口比较优势较强部门尤其明显。而目前，中国生产性服务贸易主要依靠引进欧美先进服务来提供对货物贸易的支持，本土生产性服务贸易发展相对较弱，在国际市场上缺乏相应竞争力。因此，在政策上应当给予生产性服务贸易更大支持和鼓励，在大力扭转服务贸易长期逆差的同时，能够显著提高相应货物贸易部门的比较优势。（2）应当努力发展当地生产性服务贸易各细分部门，尤其是承担基础设施作用的建筑服务贸易，以及承担基础服务作用的运输仓储服务贸易、金融保险服务贸易以及租赁商业服务贸易，充分发挥其对货物贸易的协调与外溢作用，降低联系货物贸易环节之间的边际成本，提高货物贸易整体效率，同时扩大服务贸易出口额。（3）充分利用现有成熟的货物贸易产业基础培育新业态，为新业态提供有效技术支撑。以跨境电子商务、互联网金融为代表的新业态发展是以成熟的计算机信息技术与互联网技术作为有力支撑。在全国层面，应充分发挥货物贸易部门中技术密集型的计算机与电子设备制造业、通信设备、仪器仪表与机械制造业等成熟的研发技术，从而提升服务贸易中技术部门与这些以互联网技术作为载体和媒介的新业态的效率，为这些部门发展起到支撑和促进的基础性作用。

第七章　促进中国服务贸易实现价值链升级的政策建议

第一节　依托"一带一路"拓展服务贸易市场的战略布局

"一带一路"倡议的目标是打通国内主干交通网络与国外六大经济走廊的连接，进一步拓展对应区域经济合作组织的广阔国际市场，将国内改革与对外开放有效对接，这一战略将同时惠及货物贸易与服务贸易。首先，可以加快国际货运专列建设，鼓励内陆节点城市以及其周边城市群产业所生产的产品通过陆路边境口岸运输到中亚及欧洲市场，并且鼓励配套服务与产品一同出口，通过陆路拓展国际市场。其次，通过加强海铁联运、多港联动的协调发展，将东部沿海地区的口岸区位优势延伸到内陆地区，根据东中西部地区比较优势促进国内产业分工重新布局，优化我国产业结构，从而实现贸易结构升级。再次，服务贸易市场也可以通过"一带一路"互联互通建设得到巨大的拓展。以金融服务贸易为例，亚投行已于2016年1月开始正式运作，其目的在于保障"一带一路"实现亚洲国家基础设施互联互通的资金支持，同时通过对"一带一路"沿线地区的基础设施投资带动全球对人民币币值的信心，从而在汇率市场上维持人民币汇率稳定，推动人民币国际化进程。最后，利用不断扩大的自由贸易区的优惠贸易条件，通过六大经济走廊促进我国出口品与优质进口品在我国与周边区域经济合作组织市场之间的自由流动，完成"点—线—面"全面布局，促进我国贸易商品和服务的优进优出，真正打造"贸易强国"。

一、借势"一带一路"倡议推进服务贸易自由化，精准定位重点突破区域

服务贸易能够发挥引导要素自由流动的巨大作用，因此，应当致力于扩大服务业开放度，推进服务贸易自由化，尤其是大力发展技术附加值高的高端服务贸易。"一带一路"是国家在新的历史时期实施的一项宏大开放战略，2015 年"一带一路"倡议进入全面实施阶段，致力于与周边国家和地区打造"命运共同体"，取得了绝大多数沿线国家的共识与支持。《商务发展第十三个五年规划纲要》指出，要在"十三五"期间，将"一带一路"沿线国家的进出口占比由 2015 年的 25.3% 提高到 2020 年的 27%[①]。因此，应当精准定位中国服务贸易在"一带一路"倡议中的重点突破区域，通过运输服务贸易与物流服务贸易作为载体，抓住我国与沿线各国区域经济合作的历史性契机，以点带面，从线到片，尽快形成我国服务贸易的战略突破口，并为"一带一路"倡议实施，沿线各国早期收获的服务贸易示范区奠定坚实基础。

（一）重点打造中国—东盟服务贸易多边合作区域

"一带一路"倡议以"五通"为核心理念，以六大经济走廊为载体。2016 年 9 月，中日韩与东盟共同召开《区域全面经济伙伴关系协定》（RCEP）联合声明发布仪式，标志着中国—东盟的贸易战略伙伴合作又上了一个新的台阶，这与"一带一路"倡议的主旨完全契合。中国—东盟及"10＋3"合作区是亚洲市场的核心区域，重点打造这一区域，在RCEP 框架下共享服务贸易自由化的巨大收益，也能促进"10＋3"东盟与中日韩区域经济一体化进程，这其中服务贸易将起到不可多得的催化

---

① 《商务发展第十三个五年规划纲要》. 中国商务部. 2016. 07. 14. http：//www. mofcom. gov. cn/article/difang/201607/20160701358680. shtml

剂作用，韩日服务贸易竞争优势与中国服务贸易竞争优势将形成互补，相互促进。同时，中国与东盟国家贸易结构互补性明显，尤其在服务贸易上，东盟各国的旅游服务、酒店与会展服务、金融服务具有较强竞争力，而中国在计算机信息服务、商务服务、建筑服务与海运服务方面比较优势明显，在RCEP的推动下，可以共享自由贸易的巨大收益。

同时，中国对外贸易的传统运输方式将从以海运为主转变为陆运与海运并重，并且未来将以海铁联运、海陆空多港联动为发展趋势。应当借助"一带一路"基础设施建设的机遇，打通从东盟经由内陆陆运交通网络直接运输到欧洲的海铁联运干线，并且建立货运代理海运、陆运与空运的立体联运体系，积极推动东亚一体化进程，推动中国—中南半岛等国际大通道建设，全面提升与东盟的经贸往来与经济合作。

（二）扩大中国—欧亚经济联盟的服务贸易规模，大力发展运输服务贸易

在"一带一路"倡议中，以交通基础设施建设为载体的运输服务贸易是我国"十三五"规划中服务贸易发展的重要抓手。应当大力拓展中国与欧亚经济联盟成员国之间的服务贸易范围，拓展服务贸易形式与合作模式。充分利用中亚地区的区位优势，大力发展与中亚各国之间的运输服务贸易，鼓励客货运高铁直通边关。"十三五"期间，应当优先规划建设我国高铁直通边境口岸工程，并向海内外发行高铁建设人民币国际债券，鼓励民营资本参与到建设客货运输高铁中来。

成为全国经济发展新亮点的"重庆模式"正是通过打通内陆地区直接通往欧洲的陆上交通线路，使运输服务贸易得到极快发展。在陆上丝绸之路经济带的建设中，国内与国际铁路干线的建设是至关重要的。"一带一路"是亚欧一体化经济带的两个相互关联的侧面，现已建成通车的中欧货运专列（义乌）、中欧货运专列（武汉）、中欧货运专列（重庆）等国际班列联通了国内铁路与国际铁路接轨的横贯欧亚的客货运输通道，再加上正在积极筹备开通的黑龙江绥芬河——海参崴陆海联运大通道等干线，将极大地提升中国对中亚、欧洲等市场的拓展能力。

（三）以自贸实验区和边境口岸为载体建立区域经济合作区

对于"一带一路"交通枢纽线上的重要边境口岸和沿海港口，应当大力发展上海、广东、福建等沿海自贸实验区和内陆边境经济合作区，建设和完善相关生产性服务配套设施，依托当地要素禀赋和优势产业，大力发展特色产业加工和边境服务贸易，同时引入跨境电商、金融保险、跨境物流等高端生产性服务贸易，促使区内产业劳动、资本等生产要素自由流动，推动服务贸易自由化。同时，提高区内生产性服务贸易效率，试验全面开放的新路径，打造连接国内地区与外部周边国家以及各区域经济合作组织经贸联系的窗口。

二、重点关注"一带一路"节点城市，打通整体链条交通枢纽

"一带一路"倡议是区域性经济合作战略，在整个战略的闭合环形线路中，存在多个关键节点。这些关键节点中有城市，有港口或口岸，也有地区，甚至还包括国家。它们之所以能成为"一带一路"的关键枢纽，归根到底是由于它们具有战略性的区位优势。因此，成功实施"一带一路"的关键因素就在于成功打通"一带一路"沿线各个交通节点，使它们充分发挥互联互通的枢纽作用，成为"一带一路"顺利流通的基础。

（一）利用沿海区位优势打造世界级海港枢纽

中国沿海和港澳台地区具有优良的海港区位优势，诸如珠三角、长三角等地区具备多个天然良港、应当推动这些地区形成港口群优化竞合格局，强化远洋集装箱枢纽港功能，重点打造世界级海港枢纽。应当将沿海各优质港口打造成为国际采购、配送和销售管理平台与枢纽航运中心，继续大力拓展面向海上丝绸之路沿线国家的班轮航线。充分调动企业积极性，鼓励支持我国企业"走出去"参与沿线国家重要港口国际合作，主动参与规划建设和运营管理，共建友好港口、临港物流园区和产业园区。

应当准确定位长三角、珠三角、海峡西岸、环渤海等经济带经济实力强、开放程度高、辐射带动作用大等优势在"一带一路"倡议中的布局，找准它们在"一带一路"倡议中的经贸开放契合点，通过举办高端贸易展会等形式面向沿线国家打造综合性经贸促进平台，积极参与中国与"一带一路"区域内经济合作组织之间的经贸交流、谈判与磋商，扩大双向投资，吸引外商直接投资与对外直接投资并举，引进海上丝绸之路沿线国家优势产业、优势项目，共享发展机遇。

充分把握建设海上丝绸之路的战略机遇建设推动沿海各城市产业转型与升级。创建海上丝绸之路综合型外贸转型升级基地，进一步扩大双边与多边贸易规模。鼓励企业积极挖掘和利用海外华商资源，参与海上丝绸之路沿线国家资源能源开发和基础设施建设，推动优势产业开展沿线国家投资合作，利用当地资源共建产业园区，以投资带动贸易发展。与"互联网＋密切融合"，建设跨境电子商务综合服务平台，打造信息丝绸之路，为与沿线国家贸易提供更大便利。支持我国企业在沿线国家合作建设生产、运营与营销总部，扩大资本、管理、服务和技术输出规模，助推更多企业"走出去"布局全球。

（二）拓展陆地国际干线运输能力

在陆上丝绸之路经济带的建设中，国内与国际铁路干线的建设是至关重要的。"一带一路"不是独立的两条走廊，而是亚欧一体化经济带的两个侧面，并且是相互关联的侧面。只有把"一带一路""交联贯通"起来，才能更好地促进经济带内的经贸发展。我国铁路网络体系已经覆盖全国，截至2014年底，全国铁路运营总里程已突破11万公里，其中高铁运营总里程超过1.5万公里。并且逐步形成了以浙江义乌至西班牙马德里的"义新欧"国际班列、重庆至德国杜伊斯堡的"渝新欧"国际铁路大通道、四川成都至波兰罗兹的"蓉欧快铁"、河南郑州至德国汉堡的"郑新欧"货运班列、等国内铁路与国际铁路接轨的横贯欧亚的货运通道，再加上正在积极筹备开通的"湘新欧"与黑龙江绥芬河——海参崴陆海联运大通道等干线，将极大地提升我国对中亚、欧洲等市场的拓展能力。

在我国铁路的发展规划中，还包括连接新丝绸之路经济带和海上丝绸之路的铁路，即孟中印缅经济走廊的主通道、自昆明到缅甸实兑港的中缅铁路，中巴经济走廊的主通道、自喀什到巴基斯坦瓜德尔港的中巴铁路。这两条铁路建成后，将形成"一带一路"的交联贯通。积极促进"一带一路"沿线经济带资源要素的全面对接，形成有效分工合作网络，成为有着便利物流网络的一体化经济发展地域，可以更好地促进"一带一路"沿线国家相互交流、共同发展。

在建立"一带一路"交通枢纽网络的过程中，铁海联运衔接是关键环节。东部沿海港口（海上丝绸之路的起点）与内地的货物衔接运输，即海铁联运。应当完善海上丝绸之路港口网络，效仿"义新欧"国际班列的成功经验，建设多条沿海港口直达内陆城市至中亚乃至欧洲的铁路班线，推动深圳港、宁波港、杭州湾与泉州港等良港成为"一带一路"海铁联运枢纽。如何连接我国内地（包括大西北地区）发展和欧洲的快速运输，提高铁海联运的良好衔接成为关键环节。"铁路港站""五定班列"是发展海铁联运的关键，目前，青岛、天津、上海等"铁路港站"的建设和"五定班列"的运营使海铁联运的优势得到初步体现和发挥。同时，中铁集装箱运输有限责任公司还在大连港、塘沽港、宁波港、黄埔港、连云港、青岛港、营口港、厦门港、深圳港等东部大型港口，与港务局方面合作建立了"港站"，从而形成了铁路运输和海上运输的无缝衔接，大大提高了铁海联运的效率，缩短时间、减少费用。

但要充分挖掘我国集装箱海铁联运的优势，仍需优化我国沿海集装箱干线港的进出口国际集装箱班列开行方案，形成集装箱海铁联运快捷运输通道；实现港口、货代、船代等单位的合作，在组织出口货源的同时，积极组织进口货源，发挥各自优势，形成战略联盟；加强与集装箱多式联运相关的行政部门之间的协调配合，争取最大限度地简化货物申报、查验、征税、结汇、退税手续，缩短集装箱停留时间，提高效率，降低企业成本；实现铁路、公路、水运密切配合，基本形成以沿海、沿河港口为节点，以铁路内陆车站为辐射，以公路运输为喂给，充分发挥各种运输方式优势的集装箱多式联运网络，实现班列的无缝对接；加强港口水运和铁路的集疏运系统建设，发挥沿海港口衔接多种运输方式的枢纽作用，体现综合运输、系统化运输的布局原则。要构成一个完善、通畅的集装箱多式联运体系，实现无缝衔接，形成高效的国内、国际间集装箱多式联运系统，海铁联运是最关键的环节。只有切实构建有效、高效的海铁联运体系，才能更加充分地发挥集装箱运输优势，实现集装箱运输业又好又快发展。

在开拓欧洲市场方面，中国"一带一路"构想在欧洲主要通过两条线路来连接：一条是北线，主要以铁路、公路为主；另一条是南线，以海运为主。在南线中，中欧陆海快线是重要的一个环节。南起希腊比雷埃夫斯港，北至匈牙利布达佩斯，中途经过马其顿斯科普里和塞尔维亚贝尔格莱德。通过这条路径中国货物抵达欧洲，将缩短运输时间，降低运输费用。将充实中欧全面战略伙伴关系内涵，使亚洲、欧洲乃至更广范围内世界经贸的融合和发展得到实质性的提升。

在开拓非洲与阿拉伯市场方面，海上丝绸之路是连接我国和东非与阿拉伯地区的物流通道。这些地区是能源资源的富集地，也是我国制成品的市场。2015年5月，李克强总理与东非诸国签署了中国援建铁路协议，投资达38亿美元。东非铁路建成后，形成东非经济共同体。既促进了东非诸国的经贸交流，又开发了我国的资源基地，同时形成以我国经济为主导的一体化经济带。

（三）建设全球国际空港物流枢纽

海上丝绸之路继续强化我国与国际市场贸易与运输对接，将对航运发展起到极大推动作用。截至2014年底，中国分别有58个机场开通了国际客运航线，11个机场开通了国际货运航线，其中89.7%（52个）和81.8%（9个）与"一带一路"沿线国家建立了国际客运和货运联系。从统计上分析，中国与"一带一路"沿线国家建立国际客运航线432条，客运航班21.9万次，可售座位数4108.9万个，分别占中国国际运输联系的 51.5%、41.1% 和 41.0%。未来航空公司应当加快国际化转型步伐，增加飞往"一带一路"沿线国家的航班密度，形成高频率航空网络覆盖。

目前中国已与 116 个国家和地区签订了政府间双边航空运输协定，我国应当围绕"一带一路"建立新的全球航空合作关系。加快打造重要的国际航空枢纽，吸引沿线国家航空公司入驻，拓展航空尤其是航空货运的服务市场，大力推进大空港地区发展，完善多层次航空运输体系，提升空港运输国际化水平。同时应鼓励我国企业通过基础设施投资参与沿线国家机场建设，开通更多直飞沿线国家的航班航线，拓展沿线国家的旅游与商务包机业务，构建"一带一路"主要城市"航空圈"。

同时，还应当建立国内与"一带一路"沿线国家空港联动机制，与"一带一路"沿线国家在货运代理和货物运输等方面的规范和标准对接，打造"一带一路"空港物流枢纽。组建专业化航运保险机构，允许境内外保险公司和保险经纪公司等服务中介开展航运保险业务。打造航运交易信息平台，推动航运金融发展，拓展航运电子商务、支付结算等业务，探索航空运价指数衍生品开发与交易业务。

（四）实现陆海空多港联动

"一带一路"将打通铁路、海运及空运一休的货运纽带。鼓励国内节点城市与地区合作建设具备大通关能力的海铁、公铁多式联运保税物流通道和内陆港操作平台。积极发展国际船舶运输与管理、国际航运代理等产业，支持国内企业投资国际远洋、国际航空运输服务，允许我国试点航空快件国际和"一带一路"沿线国家中转集拼业务。

全面提升与"一带一路"沿线国家信息互联互通水平，打造信息共享平台，加大电子口岸建设力度，超前布局和建设一流信息基础设施，推进智慧交通、智慧型城市建设，加快建设全球信息网络的布局。建设服务沿线国家的大型国际数据中心，共筑"信息丝绸之路"。以全国节点城市的陆港、海港与空港为支撑，以信息港为平台，发挥多港联动综合效应，畅通陆海空联运通道，促进国际通关、拼装分拨、多式联运有机衔接，努力发展"一带一路"互联互通的重要门户城市。推动"一带一路"沿线国家国际航运高端产业向内地延伸和拓展。

三、促进"一带一路"沿线国家服务贸易自由化发展

（一）提升服务贸易提供方式便利化，促进要素跟随服务商品自由流动

服务贸易主要有四种形式组成：跨境交付、境外消费、商业存在与自然人移动。其中，"跨境交付"是指从一国境内向另一国境内提供服务。例如，国际金融中的电子清算与支付、国际电信服务、信息咨询服务、卫星影视服务等；"境外消费"是指在国境内向另一国的服务消费者提供服务。例如，本国病人到外国就医、外国人到本国旅游、本国学生到外国留学等；"商业存在"是指一国的服务提供者通过在另一国境内的商业实体提供服务，这种形式是服务贸易活动中最主要的形式。例如，外国公司到中国来开酒店、建零售商店和开办律师事务所等；"自然人流动"是指一国的服务提供者通过自然人的实体在另一国境内的商业现场提供服务。例如，外国教授、工程师或医生来本国从事个体服务等。所谓服务贸易自由化，是指一国政府在对外贸易中，通过立法和国际协议，对服务和与服务有关的人、资本、货物、信息等在国家间的流动，逐渐减少政府的行政干预，放松对外贸易管制的过程。服务贸易自由化，与货物贸易自由化一样，也是以生产社会化程度的提高及社会分工的深入和扩大为前提，以实现资源合理、优化配置和获得最佳经济效益为目的，以政府对贸易的干预弱化为标志的发展过程。

推进"一带一路"沿线国家服务行业管理标准和规则相衔接。结合国家关于外籍高层次人才认定以及入出境和工作生活待遇政策，研究制定"一带一路"沿线国家高层次人才认定办法，为高层次人才入出境、在华居留提供便利，在项目申报、创新创业、评价激励、服务保障等方面给予特殊政策。探索通过特殊机制安排，推进"一带一路"沿线国家服务业人员职业资格互认。创新"一带一路"沿线国家口岸通关模式，推进建设统一高效、与沿线国家联动的口岸监管机制，加快推进"一带

一路"沿线国家之间信息互换、监管互认、执法互助。支持建设国内至我国国际通信业务出入口局的直达国际数据专用通道，建设互联互通的信息环境。

（二）梳理六大区域经济合作组织比较优势产业，重点推进产能国际合作

"一带一路"倡议的实施重点在于鼓励中国企业"走出去"，大力推进与"一带一路"沿线国家开展产能国际合作。本章需要认真思考各区域经济合作组织成员国能够与我国实现优势互补的产业，对应地制定导向性政策，做到有的放矢，避免千篇一律。例如，与我国相邻的东盟、欧亚经济联盟和南盟大多数国家的贸易结构仍以初级产品为主，这些国家的比较优势在于丰富的资源和相对廉价的土地、劳动力等生产要素，同时也对本国基础设施完善与资本输入有迫切需要，与这些国家开展国际合作应当首先通过合作形式帮助其建设基础设施，解决发展瓶颈，再鼓励我国沿海加工贸易或内陆传统工业等劳动密集型或资源密集型产业"走出去"，带动当地就业和经济发展，实现共赢。而针对欧盟国家，则应当区分西欧国家与中东欧国家，对于中东欧国家而言，其优势在于其陆路枢纽位置与本国特色产品，我国重庆、义乌等地已经通过国际专列实现了贸易商品的便利流通，未来可以加大我国内陆边境经济合作区的数量，加大我国与这些国家优质产品的贸易往来。而西欧国家具有成熟的制造业基础和先进的技术，同时需要资本投入来引导本国产业复苏，我国应当加强与这些国家在装备制造业等高端制造领域的产能合作，鼓励技术密集型和资本密集型企业"走出去"，实现我国资本与西欧国家技术的全面融合，通过知识外溢效应来提升我国产业结构和技术附加值。

四、优化贸易结构，转变贸易发展方式

（一）搭建服务贸易公共平台，加强"一带一路"国家服务业产能合作

探索我国与"一带一路"沿线国家联动发展离岸贸易，加强与"一带一路"沿线国家和地区的贸易往来，开拓国际市场。加强"一带一

路"沿线国家会展业合作，在严格执行货物进出口税收政策前提下，允许在海关特殊监管区域内设立保税展示交易平台。鼓励外资企业在我国设立总部，建立整合物流、贸易、结算等功能的营运中心。鼓励融资租赁业创新发展，对注册在我国海关特殊监管区域内的融资租赁企业进出口飞机、船舶和海洋工程结构物等大型设备涉及跨关区的，在确保有效监管和执行现行相关税收政策前提下，按物流实际需要，实行海关异地委托监管。支持在海关特殊监管区域内开展期货保税交割、仓单质押融资等业务。

拓展服务贸易新领域，搭建服务贸易公共服务平台。加强"一带一路"沿线国家产品检验检测技术和标准研究合作。改革和加强原产地证签证管理，便利证书申领，强化事中事后监管。

（二）发展高端离岸服务外包，引领我国加工贸易转型升级

在经济全球化的大趋势下，为了适应我国经济发展的新要求，应当全面提高对外贸易质量、优化对外贸易结构。传统加工贸易亟待重新整合资源，转型升级。而离岸服务外包就是传统加工贸易的升级形式之一。离岸服务外包是国际产业分工发展到新阶段而出现的新兴产业之一，在新一轮世界产业结构调整的浪潮中，已经成为发展中国家积极参与全球价值链整合，承接发达国家产业转移的重要产业。尤其是拉美、亚太地区等新兴市场国家，日益成为全球离岸服务外包发展的新动力，特别是亚太地区已经成为全球服务外包的主要目的地。近年来，中国离岸服务外包经历了突飞猛进的发展，尤其在2008年金融危机之后，在世界整体经济并不看好的情况下，连续四年年均增长率超过60%，自2011年起跃居全球离岸服务外包第二大承接国，离岸服务外包已经成为中国经济增长的新亮点。其中，尤其以差异化服务和技术租金为代表的高端离岸服务外包发展最为迅速，通过重组对外贸易价值链中某些环节，或从现有低附加值环节转移到高附加值环节来完成升级，从而实现对外贸易顺利转型。

应当积极承接服务外包，推进软件研发、工业设计、信息管理等业

务，搭建发展高端离岸服务外包的技术研发、工业设计、知识产权等公共服务平台。支持在我国离岸服务交付的相关结算业务、建设结算中心。推进企业依托海关特殊监管区域开展面向国内外市场的高技术、高附加值的检测维修等保税服务业务。进一步拓宽离岸服务外包的领域，努力向全系列软件外包集成方案和定制开发大型企业级应用软件发展，要能够提供系统集成、方案执行、信息技术咨询等服务，加大承接金融服务、电信设备和制造业等垂直行业离岸服务外包的比例。鼓励传统离岸服务外包企业加快技术升级步伐，适当采取并购、入股等资本运作方式获得有价值的资产，从而帮助企业调整战略方向。同时应该加大研发力度，大力引进专业人才，并引入云计算和物联网等先进技术，转向开发针对垂直行业如汽车、金融、通信、动漫和医药服务等行业的需求研究、总体设计、方案解决等环节的高端服务项目，为客户提供涵盖整个商务流程或垂直行业特殊业务的离岸服务外包。

（三）打造多个我国企业和个人面向沿线国家"走出去"的重要窗口

"一带一路"倡议所构建的新格局，富有包容性与机遇，对国内企业与个人来说，是又一轮"走出去"的最佳路径。中国企业与个人在"走出去"的过程中，也应通过公共外交、人文交流与所在国企业与人民密切合作，为当地经济发展、生态保护与就业树立良好典范。将我国内地多个节点城市建设成为内地企业和个人"走出去"的窗口与服务平台，与"一带一路"沿线国家在国际贸易网络、信息资讯、金融服务、风险管理等方面进行深度合作，支持国内企业和个人参与"一带一路"建设。加强与"一带一路"沿线国家在项目对接、投资拓展、信息交流、人才培训等方面交流合作，共同到境外开展基础设施建设和能源资源等合作。扩大企业和个人对外投资，完善"走出去"政策促进、服务保障和风险防控体系。鼓励企业和个人创新对外投资合作方式，开展证券投资、并购业务、联合投资等，逐步减少对个人对外投资的外汇管制。探索将境外产业投资与"一带一路"沿线国家产业链、劳动力市场与资本市场有机结合，以合营或合资形式与当地优势产业深度合作，建立工业园或研发中心，支持有条件的投资者设立境外投资股权投资母基金。

第二节　加快中国服务贸易发展的路径选择

一、大力拓展生产性服务贸易

中国应当积极探索服务贸易创新发展模式，大力发展研发设计、咨询、法律、会计、品牌建设、营销网络搭建等生产性服务贸易。在提升产品技术附加值方面，以信息技术服务为主的技术部门应当承担重要角色，包括软件研发、新兴互联网技术如云计算、物联网和大数据。现在在世界范围内，新型信息服务技术迅速发展，中国 IT 企业也在争相布局这些领域，尤其积极拓展与国外服务购买商提供跨境交付的相关业务。这些新型技术能够将生产流程的标准和技术转化成数字，研发、生产和销售部门共享同一个数据平台，生产标准数字化能让生产更加精准。同时，服务外包中的知识流程外包 KPO 还能对企业流程进行垂直化改造，应当鼓励中国成为 KPO 的发包方，引入国外高端流程改造技术，通过知识外溢效应提升中国信息技术流程改造的水平，促进生产性服务业向专业化和价值链高端延伸。

（一）运用政策导向，强化生产性服务贸易的重要性

随着经济全球化的发展，尤其是国际分工的不断深化和世界产业结构调整的不断升级，我国国际贸易面临新的机遇和挑战。参照发达国家相关数据，服务贸易的壮大是国际贸易发展到一定阶段的必然产物，生产性服务贸易作为服务贸易的重要部分，面临着千载难逢的发展机遇。合理运用政策导向，从战略高度促进生产性服务贸易的发展对于我国平衡国民经济发展，提升综合国际竞争力具有重要意义。

（二）规范生产性服务贸易运行机制，塑造法制市场环境

要建立和完善适合我国基本国情的管理体制，为我国生产性服务贸

易的发展塑造良好的法制环境。一方面，在积极与 WTO 接轨，充分了解国际贸易规则与惯例的基础上，尽快清理不适应当前生产性服务业发展要求的法律条文，制定适合我国国情的法律法规，规范行业规则和行为方式，将服务贸易主体的利益保护法律化、制度化、规范化，构建一个覆盖范围广泛、可操作性强的法律法规体系，健全社会主义市场经济法制制度。另一方面，要积极进行外贸管理体制改革，打破当前依靠行政和部门规章规范生产性服务业导致的多头立法、相互冲突的局面，成立专门的服务贸易管理机构。

二、服务贸易新业态强力助推服务业"走出去"

服务贸易新业态是指传统服务贸易细分部门跨越部门界限，以互联网等信息技术为媒介进行融合，兼具传统服务贸易部门的功能和信息技术规模报酬递增效应的新型贸易形态。服务贸易新业态的发展，对于我国服务业"走出去"具有重大意义。结合我国当前现状，从制度环境、管理体制、产业配套、服务体系与载体建设等各方面入手，扶持和引导服务贸易新业态，助推服务业"走出去"。

（一）健全新型贸易业态的金融服务体系

应当大力鼓励金融创新与境外金融机构的设立。对于外贸企业，尤其是"一带一路"中走出去的企业来说，贷款和快速周转资金的需求巨大。企业走出去后，由于不熟悉当地市场，如果面临打开当地市场困难或销售不畅的局面，很容易造成资金链断裂，对外投资失败。目前中国通过陆路"走出去"的企业中，国企比重较大，但是现有的大多数对东盟国家走出去的企业中，广东、福建和江浙沿海的中小企业是主体，长远看来，中小型民营企业将会逐渐成为"走出去"的主力军，这部分企业的融资寻求是迫切需要解决的问题。但是，这些企业获取本国银行贷款较困难，同时在国外尚无连续稳定的营业收入和贷款记录时，获取国外银行贷款也存在困难。

因此，中国从事金融服务贸易的金融机构应当与"一带一路"沿线国家合作组建银行等金融机构，实现金融跨境业务自由开展，顺应科技进步和全球产业结构调整趋势，稳步扩大相关服务贸易出口，增强服务贸易的国际竞争力。同时，例如 P2P、股权众筹之类的互联网金融作为融资成本低、融资效率高的新兴生产性服务，可以发挥巨大的作用，能快速积累大量小额资金来满足"走出去"的中小企业的贷款需求。此类金融服务对于中小企业走出去熟悉当地环境，开拓市场的作用是至关重要的。

一是加快推广离岸账户使用。让更多符合要求的跨国企业建立离岸金融账户，进一步完善专用账户功能，进一步简化结汇手续，推进收款便利化。二是争取国家金融监管部门支持，允许在试点区域实行与离岸贸易相匹配的离岸银行、离岸保险、期货保税交割等离岸金融业务相关的金融创新。三是加强电子支付对新型贸易业态的有力支撑。在实现人民币跨行支付、跨境支付、票据等管理服务电子化的基础上，积极发展第三方支付，鼓励互联网支付、移动支付等多种新型支付渠道的发展。四是推动嵌入产业链的金融贸易新业态发展。增强"一带一路"节点城市的金融、贸易、航运等资源配置能力，推动产业链和价值链向高端延伸，充分发挥金融贸易航运中心的辐射带动作用。在国家支持下，以跨境金融、离岸金融为重点，大力推进跨境股权投资、银团贷款、信用保险等金融合作，积极吸引多边金融机构和沿线国家主权基金、投资基金落户。推动数据服务、软件外包等服务贸易发展，提升"一带一路"节点城市经济核心要素资源配置能力，打造"一带一路"重要的高端要素资源配置中心。

（二）完善新型贸易业态的跨境电商服务体系

加强跨境电商服务与当地企业的合作。与目标市场的企业建立稳定的伙伴关系，强化企业合作与分工，以便更好地了解和分析当地的商业环境和消费者偏好等。通过企业间的合作，相互交流，提高合作效应，加大商品的互补性，最大限度地避免恶性竞争。同时，要提高跨境电商企业的谈判能力和竞争优势，加大与网络销售企业、物流企业的合作和交流，以谋求更大的发展空间。

（三）完善新型贸易业态物流服务体系

国际物流网络对于中国企业"走出去"的意义愈加重要。中国"一带一路"倡议已经进入全面落实阶段，为商业存在模式提供了宝贵的机遇和新的发展趋势。借助"一带一路"倡议，中国从事分销或物流服务的服务贸易企业要获得像西方跨国公司那样的全球竞争力，应当像西方跨国公司那样"走出去"发展，取得商业存在，依托"一带一路"倡议中基础设施向周边国家拓展的有利契机，组织起由自己主导的全球产业链中的生产网络以及仓储网络，在"一带一路"区域国家内建设国际商贸城，融入境外零售体系，并且加大海外仓的建设。

一是加强新型贸易业态的物流支撑能力建设。发挥电子口岸平台与高速公路、港航电子数据交换（EDI）中心整合优势，建设一体化的口岸物流信息平台，基本实现国际主要口岸城市联网，提高物流的通行速度。二是鼓励整合利用现有物流配送资源，支持物流信息协同服务平台和共同配送中心建设。三是鼓励新型贸易业态企业与物流企业进行合作，推动虚拟的贸易网和实体的物流网充分融合。

三、坚持先进制造业和服务业协调发展

（一）服务业发展有助于提升制造业技术附加值

应当加快实现先进制造业与服务业之间的产业融合，特别是推动制造业与服务业相互渗透融合，制造业服务化发展。其中要注重两个重点：首先促进研发设计、营销渠道与现代物流等服务流程在制造业中的比重，加快制造业由低端的加工生产向微笑曲线两段延伸的进程。其次，促进高端制造业品牌的形成，同时推进服务业整体发展规模的提升。

（二）技术密集型制造业发展为服务业奠定坚实基础

应当充分利用现有成熟的货物贸易产业基础培育新业态，为新业态提供有效技术支撑。跨境电子商务、互联网金融等为代表的新业态发展是以成熟的计算机信息技术与互联网技术作为有力支撑。在全国层面，

应充分发挥货物贸易部门中技术密集型的计算机与电子设备制造业、通信设备、仪器仪表与机械制造业等成熟的研发技术，从而提升服务贸易中技术部门与这些以互联网技术作为载体和媒介的新业态的效率，为这些部门发展起到支撑和促进的基础性作用。

（三）进一步打破制造业与服务业产业边界

中国具备强大的制造业基础，在国际竞争中具有明显的比较优势。目前，随着全球市场的低迷，全国各经贸大省不约而同出现了贸易增速放缓甚至负增长的局面，贸易结构调整迫在眉睫。应当充分利用云计算、大数据、物联网等新兴信息技术，促进制造业与服务业不断融合发展，通过提升生产性服务技术附加值，或者促进制造业服务化流程改造等方式，利用我国服务经济的崛起和高端人力资源快速增长等机遇，将服务业所代表的先进技术和管理方法注入制造业中，使其重获转型发展的新动能，打造全新的比较优势。

四、促进消费结构升级，扩大内外需互动的叠加效应

（一）扩大服务消费，激活内需来支撑服务贸易发展

在国际金融危机导致外需萎缩的新的历史背景下，激活内需对于服务贸易发展有显著的促进作用。境外消费是开展服务贸易的重要模式，这一模式在旅游服务贸易、交通运输服务贸易等领域非常普遍。首先，中国目前基础设施条件齐备，仍应当加强旅游、交通运输、餐饮等服务业的服务质量改善，在不断弥补中国服务业薄弱环节，满足居民服务业内需的同时，也能够提升服务贸易服务水平，扩大服务贸易规模。其次，目前国际运输大多由国际货运或航运公司承接，未来中国应当鼓励本国运输企业发展，直至"走出去"，进一步将满足内需用于服务贸易发展。最后，应当大力推进跨境电子商务等新业态发展，在满足内需、实现国内充分竞争的基础上，积极拓展中国周边邻国外需市场，扩大内外需互动的叠加效应，提高参与国际服务贸易的竞争力。

（二）消除国内市场分割，推动国内国际市场一体化进程

应当充分利用国内业已成型的公路、铁路与高铁组成的物流网络，打破区域间生产要素与产品流动的限制，推进国内国际市场的一体化。大力发展国内各服务外包示范城市，服务贸易创新发展试点城市与国家级试点地区，依托现有的长三角、珠三角、京津冀地区、长江中游城市群、成渝地区等城市群的服务产业集聚，用运输干线连接沿海与内陆的重要节点城市，打造产业—物流—港口与关境口岸的覆盖各个环节的全方位生产与流通网络。

（三）建设若干服务贸易主导型城市

利用国内服务产业发展良好的一线城市基础，发展北京、上海、深圳等若干服务贸易主导型城市。例如，依托上海发达的金融服务贸易与浦东自贸实验区的产业基础，打造集金融服务、会展服务、服务外包一体化的国际贸易中心城市。将深圳打造成为跨境电商、海铁联运与港口服务、连接港澳高端专业化服务的聚集地。将北京打造为软件研发服务、信息技术外包的品牌高地。

（四）发展特色旅游服务贸易

应当推广"互联网＋旅游"模式，大力发展特色旅游服务贸易。首先，健全旅游法规，强化行业管理，促进旅游服务贸易出口。政府相关部门应加大旅游立法力度，建立起完善的旅游法律体系，规范旅游市场。其次，加大中国企业对"入境游"的营销力度。通过信息化营销手段和旅游电子商务的形式，采取多样化的营销方式，不断扩大国际旅游市场，提高旅游服务的效率及准确性。同时，加大对西部省市特色旅游的海外宣传促销力度，创新中国特色民族文化国际旅游产品，扩大国际旅游市场的地域范围。最后，推进客运高铁直通边关，降低运输服务的成本，将边境地区丰富的旅游资源对内和对外开放，一方面可以纾解节假日国内游客扎堆热门景点的压力，另一方面又能吸引国外游客，拓展旅游业的海外市场。

五、全面推进技术创新，鼓励高端研发

（一）鼓励高端技术研发与创新

发挥强大的产业链协同创新优势，创新研发组织形式，大力发展以市场需求为导向的研发产业，深度挖掘互联网经济、蓝色经济和绿色经济增长潜力。制定支持研发企业的专项政策，围绕大数据、生命信息、机器人、可穿戴设备、智能装备等战略性新兴产业和未来产业前沿领域，重点扶持一批专业设计公司、方案设计提供商、外包服务企业、委托研发机构等新型研发企业，促进研发新业态加速形成。积极引进跨国公司和海内外专业研究机构，促进科研院所向国际化、专业化、市场化方向发展，汇聚全球高端研发资源，打造一批具有国际竞争力的研发机构。以产品研发和应用设计为牵引，加快专利标准、检验检测等公共平台建设，完善市场咨询、产业研究、技术管理等配套服务体系，将高端技术研发产业打造成为最具优势的湾区经济产业形态，与沿线国家共同构建优势互补的产业分工体系。

（二）打造我国自主创新核心竞争力

充分发挥国内各地区增长极与创新型城市科技金融发达、创投机构聚集的优势，鼓励有实力的创投企业到"一带一路"沿线国家设立创投机构和创投基金，扶持当地创新企业成长。瞄准科技前沿，聚焦未来发展，吸引全球高端创新资源和要素，在基础性、前瞻性、战略性科技领域，不断增强源头创新能力。积极争取国家布局建设重大科技基础设施，高质高效建设各层各类重点实验室、工程实验室、工程中心等创新载体，不断增强创新支撑能力。全面深化与国际一流大学和顶尖科研机构的合作，推动高等院校和研究机构参与国际大科学计划和大科学工程，提升前沿技术研究国际合作水平。推动企业从输出产品向输出技术、标准和品牌转变，提升对沿线国家科技创新辐射能力。支持创新能力突出的领军企业加速进入世界科技创新前沿，引导中小企业以产业链专业分工方式进行模块化创新，力争取得一批关键性技术突破，掌握一批具有国际

竞争力的核心技术，形成一批核心自主知识产权，主导或参与创制国际技术标准，努力成为具有世界影响力的创新中心。

（三）建立我国自主创新生态系统

探索与"一带一路"沿线国家共同建设知识产权创造、运用、管理和保护示范区，为科技创新合作提供机制保障。充分发挥国家自主创新示范区的政策效应，促进创新资源的加速流动和优化配置，推动技术、产业、金融、管理、商业模式创新、跨界融合，促进创新多主体结合、多要素联动、多领域合作，不断完善原始创新、开放式创新和协同创新协调共进的综合生态体系。积极参与国家"科技伙伴计划"，支持领军企业到"一带一路"沿线国家设立产品设计中心、研发中心，建设国际技术转移中心和推广基地、科技企业创新园和孵化器等创新载体。充分利用信息化手段，鼓励支持分布式、网络化创新和全社会"微创新"活动。持续优化人才激励机制，加快引进、培养高水平的科学家、科技领军人才、卓越工程师和创新团队。

六、完善人力资本培养和引进机制，致力于培养精英专业人才

（一）从国家层面修订人才培养总体规划

应当重新修订人才培养，尤其是高等教育人才培养总体规划，将培养现代服务业急需的精英技术人才和管理人才作为重要的教育目标之一加以贯彻。在总体规划下，中国各地高校应制订相关服务业精英人才培养目标和方案，将精力集中于服务业所需的专业精英人才的培育上，真正打造与服务业发展相适应的梯队人才结构，包括服务业领军人才架构师及工匠级专业技术人才。

（二）从地方层面制定合理人力资源培养与储备战略

各地方政府应结合当地服务业发展现状及规划，制定合理的人力资源培养和储备战略，按照人才储备规划和服务贸易发展有针对性对相关专业人才进行培养及引进，尤其是加强服务业高端人才培养与自主创新能力的锻炼，使得人力资源素质结构适应当地服务业的发展需求。同时，

构建政府与市场相结合的服务人才培养体系，职业机构对服务贸易不同层级人才培养的实施方案，引导学历教育、继续教育、职业教育等培训教育机构协调发展，加快建设服务贸易相关专业应用型人才培养体系的建设。

（三）有序促进自然人移动模式下的服务贸易出口

"一带一路"倡议通过六大经济走廊等基础设施建设打通了通往中东欧市场的交通纽带，客观上保证了中国各服务领域技术人员向这些国家自由移动，提供服务的基础条件。同时，中国服务贸易企业还应当以"一带一路"区域国家的政府采购为突破口，致力于承接这些国家的外包服务或咨询、计算机信息等技术性服务。同时，对于中国高端专业技术人员，例如律师、会计师、管理咨询师、软件技术人员、建筑工程师、教师、医生与护士等具备专业技能的各领域技术人员，应当简化其自然人跨境移动的手续流程，充分鼓励中国高级技术人员自由流动、扩大服务贸易出口额。

第三节　基于"浙江经验"推动我国服务贸易与货物贸易协调发展的应对策略

一、浙江服务贸易与货物贸易协调发展经验总结

在中国对外贸易步入新常态的大趋势下，贸易结构优化升级显得愈加重要，一方面，货物贸易的高级化会引致更多服务的需求，另外一方面，现代生产性服务将有效推动货物贸易结构和服务贸易自身结构转型与优化，具有强大资源整合优势的"互联网＋"新业态将成为外贸结构转型的新增长点。结合前文全球与中国服务贸易与货物贸易协调发展的分析和浙江省对外贸易结构优化原因的探索，本部分首先对"浙江经验"进行总结，然后基于"浙江经验"为我国对外贸易新常态下服务贸易和货物贸易协调发展提出政策建议。

（一）生产性服务促货物贸易结构优化

第一，生产性服务贸易发展能对货物贸易结构优化产生显著积极作用。根据浙江省经验数据结果可知，生产性服务贸易各细分部门投入货物贸易生产能够有效提升货物贸易结构。其中，货物贸易比较优势较强的部门与生产性服务贸易的联系较为紧密，而那些比较优势较弱的部门与生产性服务贸易的联系则不明显。说明除了要素禀赋与相对技术差异之外，生产性服务贸易的参与程度与货物贸易结构优化正相关。浙江省致力于推动本土生产性服务贸易出口，不但有利于服务贸易顺差的实现，同时有效提升货物贸易结构。

第二，生产性服务贸易中的基础设施部门与基础服务部门发展有效降低货物贸易成本。无论对于浙江省货物贸易比较优势较强部门还是较弱部门来说，生产性服务贸易的基础设施部门（如计算机与信息服务、建筑服务）以及基础服务部门（如运输仓储服务和金融保险服务）都与其货物贸易结构优化显著正相关，对相关货物贸易发展发挥了重要作用。这一结论说明生产性服务贸易的基础设施部门与基础服务部门充分发挥了公共物品的积极作用，加强这两大服务贸易细分部门的发展将大大有利于贸易结构的提升。

（二）高级化的货物贸易结构支撑服务贸易发展

高新技术产品贸易促进了服务贸易的发展。货物贸易中的技术性产品与服务贸易技术部门互相促进、协同发展。从浙江省的样本经验来看，与生产性服务贸易各部门对货物贸易结构较大的支持作用相比，货物贸易结构优化对提升生产性服务贸易结构的作用相对不明显。但货物贸易中的通信设备、计算机及电子设备制造业，仪器仪表及机械制造业等部门的发展对提升服务贸易中技术部门（如计算机与信息技术服务贸易、综合技术服务贸易）的效率具有正面作用。而生产性服务贸易技术水平提升后，反过来又将推动货物贸易结构持续向高技术附加值方向转型，从而互相促进，形成良性循环。

二、基于"浙江经验"的政策建议

(一)树立服务贸易与货物贸易协调发展的统一思想,重视服务贸易政策的有效性

浙江省货物贸易以一般贸易方式为主导的特征,为货物贸易刺激带动服务贸易发展带来机遇。相对于加工贸易两端在外的情况以及跨国公司全球资源配置和全球价值链战略部署,导致除加工制造以外的服务环节为跨国公司所控制,也就是说,与加工贸易相配套的服务需求,更多转化为跨国公司内部贸易和服务进口。政府应重视以一般贸易方式进行的货物贸易所引致的服务需求,更容易为本国或本地区企业所吸收的特征,抓住目前生产性服务业从先进制造业分离出来的黄金机遇,完善与货物贸易相关的服务贸易宏观政策体系,确保投向服务贸易的政策资源不低于货物贸易。

深度挖掘与货物贸易直接相关的服务产业和服务贸易的同时,更为重要的是夯实经济结构基础。夯实工业基础是制造机电产品和高新技术产品等高端工业制成品的条件,高附加值为主导的出口商品结构能够引致科研、咨询等资本密集型和知识密集型的高端服务需求。夯实服务业基础,即使如浙江这样的贸易大省,货物贸易也没有完全发挥对服务贸易的促进作用,主要原因还在于省内现代服务业严重滞后,服务质量无法完全满足国内外货物贸易主体的认可。地方政府应加大对省内服务业基础设施以及相关措施的投资,提升浙江省服务业国际竞争力。

此外,针对服务贸易政策相对货物贸易政策所存在的时滞性特征,服务贸易促进政策应特别注重保持政策的连贯性和整体性由此确保政策的有效性。通过货物贸易促进服务贸易发展,一方面要优化货物贸易的结构即促进工业的高级化,另一方面要引导服务贸易结构的转型升级即促进服务业的高级化,产业的变迁是一个漫长的过程。能够保证贸促政策执行力度不随着政府领导更替而降低,是亟待解决的问题,否则将降低服务贸易政策的有效性。

（二）加强对民企产业引导，构建民企国际化体制机制，发挥民营经济的资本与机制优势

发挥民营经济在服务业资本与机制优势，有利于更大力度打破国有行业垄断，促进有效竞争，使得市场机制在资源配置中能够发挥决定性作用，提高整个行业效率，夯实了服务贸易发展的行业基础。以浙江省为例，伴随着民企货物贸易取得较快发展的同时，浙江省民营经济已形成以专业市场为依托，以资源大流通为基本格局，民营经济产业集群或区域块状经济不断崛起，由此在货物贸易发展的同时促进了服务出口。2014 年 9 月，浙江民营企业阿里巴巴在纽交所成功上市，说明了我国服务型民营企业是能够依托民营经济充裕的资本与灵活的机制优势开辟市场空间的。

针对民营经济在服务业发展的政策建议主要包括：一是不断提高民企在服务市场的准入，引导民企更多进入现代服务业；二是规范企业行为与规范有序的市场环境，维护民企合法正当的经营权益；三是为民企在资金和土地等要素使用上创造公平竞争的环境，在税收和外贸等方面给予民企便利化的政策倾斜；四是建设完善知识产权保护制度以及社会信用体系；五是政府构建高水平的公用服务产品供给能力，特别是公共服务平台的建设将降低企业信息搜集的成本；六是引导民企以市场为导向的技术创新，推进优势民企集群化、规模化发展，有实力的民企国际化的综合战略部署。

（三）充分发挥生产性服务中的基础设施部门和基础服务部门的公共物品功能

1. 提升全国生产性服务贸易国际竞争力和比较优势，使我国生产性服务走出去

从全国层面上可以看出，目前中国生产性服务贸易主要依靠引进欧美先进服务来提供对货物贸易的支持，本土生产性服务贸易发展相对较弱，在国际市场上缺乏相应竞争力。而浙江省成功经验表明生产性服务贸易各部门发展对相应货物贸易结构优化具有单向促进作用，在轻工业

等中国出口比较优势较强部门尤其明显。大力拓展生产性服务贸易在货物贸易中的投入是提升货物贸易比较优势的有效方法。因此，应当在政策上给予生产性服务贸易更大支持和鼓励，努力提升本国生产性服务的国际竞争力，从而扭转货物贸易与服务贸易结构失衡的现状，并且显著提高相应货物贸易部门的比较优势。

2. 高度重视生产性服务贸易中基础服务与基础设施对货物贸易的协调与外溢作用

本章通过观察全国数据发现，除了建筑服务贸易与通信服务贸易维持少量顺差之外，其他的生产性服务贸易项目如运输服务贸易、金融保险服务贸易、专有权利使用费和特许费服务贸易均呈现逆差逐年扩大趋势。而浙江省在这些服务项目上基本持续实现贸易顺差。因此，国家政府决策部门应当加大对建筑服务贸易等生产性服务贸易的基础设施投资的倾斜力度，努力发展当地生产性服务贸易各细分部门，尤其是承担基础设施作用的服务贸易部门，以及承担基础服务作用的运输仓储服务贸易、金融保险服务贸易以及租赁商业服务贸易，推动本土高端基础设施与基础服务出口，真正有效发挥生产性服务贸易对货物贸易发展的基础性支持作用，降低联系货物贸易各环节之间的边际成本，提高货物贸易整体效率，同时扩大服务贸易出口额。

（四）高技术货物贸易支撑新业态崛起，以"互联网＋"服务新业态为契机成就下一轮国际经贸规则的引领国

1. 充分利用现有成熟的货物贸易产业基础培育新业态，为新业态提供有效技术支撑

相对于传统外贸增速放缓，以跨境电子商务、互联网金融为代表的新业态发展迅猛，赋予对外贸易持续发展的动力和活力，成为外贸企业转型的新机遇。浙江省发展新业态的成功经验表明，"互联网＋"为代表的新业态的特征是技术密集型与知识密集型，其发展需要成熟的线下货物贸易市场与产品作为有力支撑。在全国层面，应充分发挥货物贸易部门中技术密集型的计算机与电子设备制造业、通信设备、仪器仪表与

机械制造业等成熟的研发技术，从而提升服务贸易中技术部门与这些以互联网技术作为载体和媒介的新业态的效率，为这些部门发展起到支撑和促进的基础性作用。

发挥高技术货物贸易（通信设备、计算机与电子设备等）对具有技术中介功能的服务贸易部门（如计算机与通信服务）的支撑，特别是对"互联网＋"新兴服务业态的技术支撑。明确新兴服务贸易在扭转我国服务贸易恶化的逆差趋势、提升全球价值链贸易分工地位和长期内升级成为国际经贸规则引领国的重要作用。中国应以巨额的高技术货物贸易优势和"一带一路"倡议为契机，一方面苦练内功夯实新业态的产业基础，尽快让新兴服务从绝对的"进口替代"向"自给自足"到最终实现"出口导向"过渡，另一方面探索新业态的市场运行机制以及相关的宏观监管体系。鉴于目前发达国家对新业态的市场监管和宏观调控政策体系并不完善，中国通过"一带一路"倡议扩大贸易市场，在新兴服务贸易国际竞争力与区域内贸易规则的培育上加快赶超发达经济体的步伐，成为新一轮经贸规则的引领国。

2. 加强对新业态的规范管制，使其成为中国经济新常态下贸易结构转型的崭新推动力

中国经济新常态下，全国经济增速放缓、结构调整势在必行。作为应对中国经济新常态的战略布局之一，对外贸易要实现高水平"引进来"与大规模"走出去"并存，也需要积极发现培育新增长点，将更多依靠人力资本质量和技术进步，依靠创新驱动发展。我国需要在适应全球经济一体化大趋势中，把握新的国际市场机会，短期内引进中高端服务贸易新业态，快速实现新兴服务部门从进口替代到出口导向的过渡，培育新业态成为经济新常态新的战略支撑点和增长点。

（五）深化服务贸易自由化水平，优化外商投资结构，建立"全面、准确、及时"反映服务贸易的统计体系

总体上，服务业外商直接投资与市场的开放，通过降低贸易壁垒从而降低服务贸易成本，通过技术外溢效应，促进一国或地区服务贸易结

构优化与升级。在结构上，稳步、有序开放服务业市场，积极吸引服务业外资流入的同时，需要切实引导外资的行业流向，才能有利于我国服务业与服务贸易的结构优化。浙江省外商直接投资由制造业为主，逐渐转向以服务业为主要投资领域，但在现代服务业的总体规模增长的贡献却依然有所不足。如 2013 年浙江省房地产业实际吸纳外资在服务业实际吸纳外资的总额中占比接近一半，针对外资在房地产项目投资比重过高的现象，亟须政府将外资流向由房地产产业向其他现代服务业引导才是有利于我国服务业结构优化。

此外，应该加快服务业管理体制改革，消除产业发展的体制性障碍，完善能够反映省内服务业和服务贸易的统计体系。促进服务贸易和货物贸易协调发展的政策建议都是基于权威的统计数据定量或者定性分析研究所得，没有"全面、准确、及时"的统计数据作为支撑，将极大降低政策建议的有效性。完善贸易统计体系需要循序渐进的过程，尤其对于经济相对落后，服务业和服务贸易发展规模较小的区域，建议由年度的服务贸易数据公布向月度的统计数据公布过渡，从能够统计出数据向统计出优质的服务贸易数据过渡，由此逐渐建立起科学的服务贸易统计体系。

参考文献

［1］David Dollar, José Guilherme Reis, 王直. 全球价值链发展报告 (2017) ——全球价值链对经济发展的影响: 测度与分析［M］. 社会科学文献出版社, 2017.

［2］Escaith H. 全球价值链发展报告［R］. 北京: 社会科学文献出版社, 2017.

［3］陈虹, 杨成玉. 2015. "一带一路" 国家战略的国际经济效应研究——基于 CGE 模型的分析［J］. 国际贸易问题, 2015 (10): 4 – 13.

［4］陈锡康, 杨翠红. 投入产出技术［M］. 科学出版社, 2011.

［5］樊秀峰, 韩亚峰. 生产性服务贸易对制造业生产效率影响的实证研究——基于价值链视角［J］. 国际经贸探索, 2012, 28 (5): 4 – 14.

［6］冯泰文. 生产性服务业的发展对制造业效率的影响——以交易成本和制造成本为中介变量［J］. 数量经济技术经济研究, 2009 (3): 56 – 65.

［7］顾国达, 周蕾. 全球价值链角度下我国生产性服务贸易的发展水平研究——基于投入产出方法［J］. 国际贸易问题, 2010 (05): 61 – 69.

［8］顾乃华, 毕斗斗, 任旺兵. 中国转型期生产性服务业发展与制造业竞争力关系研究——基于面板数据的实证分析［J］. 中国工业经济, 2006 (09): 14 – 21.

［9］关于《中共中央关于制定国民经济和社会发展第十三个五年规划的建议》的说明［N/OL］. 人民网. 2015. 11. 04. http: //politics.

people. com. cn/n/2015/1104/c1024 – 27773478. html

［10］郝索．论我国旅游产业的市场化发展的政府行为［J］．旅游学刊，2001（16）．19 – 22.

［11］贺灿飞，金璐璐，刘颖．多维邻近性对中国出口产品空间演化的影响［J］．地理研究，2017，36（9）：1613 – 1626.

［12］胡飞．服务业外商直接投资对中国服务贸易出口的影响——基于行业面板数据的实证研究［J］．经济问题探索，2015（6）．71 – 75.

［13］金碚．论经济全球化3.0时代——兼论"一带一路"的互通观念［J］．中国工业经济，2016（1）：5 – 20.

［14］蒋庚华．中国服务贸易结构问题研究［D］．东北师范大学，2011.

［15］李丹，崔日明．"一带一路"倡议下全球经贸格局重构的实现机制［J］．经济研究参考，2015（66）：39 – 40.

［16］李敬，陈旎，万广华，陈澍．一带一路"沿线国家货物贸易的竞争互补关系及动态变化——基于网络分析方法［J］．管理世界，2017（4）．10 – 19.

［17］梁琦，吴新生．"一带一路"沿线国家双边贸易影响因素研究——基于拓展引力方程的实证检验［J］．经济学家，2016（12）69 – 77.

［18］刘斌，魏倩，吕越，祝坤福．制造业服务化与价值链升级［J］．经济研究，2016，51（03）：151 – 162.

［19］刘遵义；陈锡康；杨翠红；Leonard K. Cheng；K. C. Fung；Yun – Wing Sung；祝坤福；裴建锁；唐志鹏．非竞争型投入占用产出模型及其应用——中美贸易顺差透视［J］．中国社会科学，2007（5）91 – 103.

［20］陆锦周，汪小勤．全球服务贸易与货物贸易发展的协同性分析［J］．国际贸易问题，2009（3）．85 – 91.

［21］孟玉明．中国企业"走出去"发展战略的制定与实施［J］．国际经济合作，2012（2）．14 – 21.

［22］商务发展第十三个五年规划纲要．中国商务部．2016. 7. 14. http：//www. mofcom. gov. cn/article/difang/201607/20160701358680. shtml.

［23］盛斌．中国加入 WTO 服务贸易自由化的评估与分析［J］．世界经济，2002（8）：10－18.

［24］盛斌，黎峰．"一带一路"倡议的国际政治经济分析［J］．南开学报（哲学社会科学版），2016（1）：52－64

［25］王绍媛，张鑫．服务贸易协定谈判基本特征分析［J］．国际贸易，2014（4）：48－52.

［26］王直，魏尚进，祝坤福．总贸易核算法：官方贸易统计与全球价值链的度量［J］．中国社会科学，2015（09）：108－127＋205－206.

［27］维克多·密德尔敦．旅游营销学［M］．向萍译，中国旅游出版社，2001.

［28］魏龙，王磊．从嵌入全球价值链到主导区域价值链——"一带一路"倡议的经济可行性分析［J］．国际贸易问题，2016（5）104－115.

［29］夏杰长，倪红福．服务贸易作用的重新评估：全球价值链视角［J］．财贸经济，2017，38（11）：115－130.

［30］夏先良．构筑"一带一路"国际产能合作体制机制与政策体系［J］．国际贸易，2015（11）：26－33.

［31］徐丽霞，田喜洲．我国生产性服务业增长因素的 SDA 分析［J］．产业经济与区域经济，2011（01）：23－28.

［32］许和连，成丽红，孙天阳．制造业投入服务化对企业出口国内增加值的提升效应——基于中国制造业微观企业的经验研究［J］．中国工业经济，2017（10）62－80.

［33］宣烨．生产性服务业空间集聚与制造业效率提升——基于空间外溢效应的实证研究［J］．财贸经济，2012（4）：121－127.

［34］姚战琪．最大限度发挥中国 OFDI 逆向溢出效应——推动对"一带一路"沿线国家 OFDI 逆向溢出的政策取向［J］．国际贸易，2017（5）：44－48.

[35] 于立新, 周伶. 现阶段中国服务贸易与货物贸易相互促进发展研究 [J]. 国际贸易, 2012 (3). 52 - 58.

[36] 张艳, 于立新, 孟翡. 促进我国服务贸易与货物贸易协调发展的路径研究——基于浙江省经验的实证分析 [J]. 财贸经济, 2015 (1). 105 - 116.

[37] 张振刚, 陈志明, 胡琪玲. 生产性服务业对制造业效率提升的影响研究 [J]. 科研管理, 2014, 35 (01): 131 - 138.

[38] 赵萍, 孙继勇. 中国境外消费现状与问题分析 [J]. 国际贸易, 2015 (6). 48 - 52.

[39] Aitken B. Harrison A. , Do domestic firms benefit from direct foreign investment? Evidence from Venezuela [J]. American Economic Review. 1999. 89 (3). 605 - 618.

[40] Antras P, Chor D, Fally T, Hillberry R. Measuring the Upstreamness of Production and Trade Flows [J]. American Economic Review: Papers & Proceedings, 2012, 102 (3): 412 - 416.

[41] Balassa, Bela. . Trade Liberalisation and "Revealed" Comparative Advantage [J]. General & Introductory Economic, 1965, 33 (2), 99 - 123.

[42] Beamish P. The internationalization process for smaller Ontario firms: A research agenda. Research in global business management [M]. JAI Press Greenwich, CT. 1990.

[43] Bhagwati, J. N. , Why Are Services Cheaper in the Poor Countries? [J] Economic Journal, 1984. 94, 279 - 286.

[44] Broda C. , Greenfield J. , Weinstein D. , From groundnuts to globalization: A structural estimate of trade and growth [J]. NBER Working Paper, w12512. 2006.

[45] Browning, H. and Singelman, J. , The Emergence of a Service Society: Demographic and Sociological Aspects of the Sectora Transformation of the Labor Force in the USA [M], Springfield, VA: National Technical In-

formation Service. 1975.

［46］Correa H. L. , L. Ellram, A. Scavarda, and M. Cooper. An Operations Management Views of the Service and Goods Mix ［J］. International Journal of Operations and Production Management, 2007, 27 (5), 444 –463.

［47］Davis, R. . Weinstein. E. . An Account of Global Factor Trade ［J］. American Economic Review. 2001, 91 (5), 1423 –1453.

［48］Daubin, G. , Rifflart. C. & Schweisguth, D. , Who Produces for Whom in the World Economy? ［J］. Canadian Journal of Economics, 2011, Vol. 44, No. 4, 1403 –1437.

［49］Fally T. On the Fragmentation of Production in the US ［M］. University of Colorado, mimeo. 2012.

［50］Fernandes, A. , Paunov C. Foreign direct investment in services and manufacturing productivity: Evidence for Chile ［J］. Journal of Development Economics. 2012. 97 (2), 305 –321.

［51］Maakus, Keith E. A Test of the Heckscher-Ohlin-Vanek Theorem: The Leontief Commonplace ［J］. Journal of International Economics. 1985 (19) 201 –212.

［52］Francois J. , Trade in Producer Services and Returns due to Specialization under Monopolistic Competition ［J］. Canadian Journal of Economics. 1990, 23 (1), 109 –124.

［53］Francois J. F. and Wooton I. , Market Structure, Trade liberalization and the GATS ［J］. European Journal of Political Economy, 2001 17 (2), 389 –402.

［54］Francois, J. and J. Woerz, J. Producer services, Manufacturing liniages and Trade ［J］. Journal of Industry, Competition and Trade, 2008, 8, (3) 199 –229

［55］Francois, J. and B. Hoekman, Services trade and policy ［J］, Journal of Economic Literature, 2010, 48 (3): 642 –692.

[56] Francois J., M. Manchin, P. Tomberger. Services Liniages and the Value Added Content of Trade [J]. Policy Research Working Paper 6432, 2013.

[57] Golub; R. Jones; H. Kierzkowski. Globalization and Country-Specific Service Links [J]. Journal of Economics Policy Reform, 2007, 10 (2), 63 – 88.

[58] Greenfield, H., Manpower and the Growth of Producer Services [M]. New York: Columbia University Press. 1966.

[59] Grossman G., Helpman E., Quality ladders in the theory of growth [J]. The Review of Economic Studies. 1991. 58 (1), 43 – 61.

[60] Hoekman B., A. Mattoo. Services Trade and Growth [J]. International Journal of Services Technology and Management, 2008, 17 (2): 191 – 199.

[61] Hoekman B. Liberalizing Trade in Services: A Survey [M]. Social Science Electronic Publishing, 2010.

[62] Hummels D., Ishiib J., YiK. The Nature and Growth of Vertical Specialization in World Trade [J]. Journal of International Economics, 2001, 54 (1): 75 – 96.

[63] Jones R. W. and H. Kierzkowski. The Role of Services in Productionand International Trade: A Theoretical Framework [J]. RCER Working Papers. 1990: 31 – 48.

[64] Jones, and Kierzkowski. 2001. A Framework for Fragmentation [M]. Oxford, U. K.: Oxford University Press.

[65] Johnson R. C., & Noguera, G. 2012, Accounting for Intermediates: Production Sharing and Trade in Value Added? [J]. Journal of International Economics, Vol. 54, . No. 2, 224 – 236.

[66] Koopman R, Powers W, Wang Z, WEI S. Give Credit to Where Credit is Due: Tracing Value Added in Global Production Chains [R]. NBER, 2010, No. 16426.

［67］Koopman, R. , Wang, Z. & Wei, S. J. , 2014, Tracing Value Added and Double Counting in Gross Exports ［J］. American Economic Reviews, 104 （2） 1 - 37.

［68］Lodefali, M. , The Role for services for Manufacturing Firm exports. 2014, Review of World Economics, 150 （1） 59 - 82.

［69］Love I. ; L. Zicchino. Financial development and dynamic investment behavior: Evidence from panel VAR ［J］. The Quarterly Review of Economics and Finance. 2006, 46, 190 - 210.

［70］Liu X. , Mattoo A. , Wang Z. , and Wei S. J. , Services Development and Comparative Advantage in Manufacturing ［J］. Policy Research Working Papers, 2017. 5.

［71］Markusen J. R. , Trade in Producer services and Other Specialized Intermediate Inputs ［J］. American Economic Review, 1987, 79 （1）: 85 - 95.

［72］Marshall, J. N. , Damesick, P. and Wood, P. , Understanding the Location and Role of Producer Services in the UK ［J］. Environment and Planning A, 1987, 19 （5）, 575 - 595.

［73］Melvin, J. R. Trade in Producer Services: A Heckscher-Ohlin Approach ［J］. Journal of Political Economy, 1989, 5 （97）, 1180 - 1196.

［74］Raff H. and Ruhr, M. , Foreign Direct Investment in Producer Services: Theory and Empirical Evidence ［J］. CESifo Working Paper, No. 598. 2001.

［75］Stehrer, R. , Foster, N. and de Vries, G. , 2012. Value Added and Factors in Trade : A Comprehensive Approach ［J］. WIOD Woriing Paper, No. 7.

［76］Wang Z. , S. Wei, and K. Zhu. Quantifying International Production Sharing at the Bilateral and Sector Levels ［J］. 2016. NBER working paper. No. 19677.

［77］Wang Z. , S. Wei, X. Yu, and K. Zhu. Measures of Participation in Global Value Chain and Global Business Cycles ［J］. NBER Woriing Paper No. 23222, 2017a. NBER, Cambridge, MA.

　　［78］ Wang Z. , S. Wei, X. Yu, and K. Zhu. Characterizing Global Value Chains: Production Length and Upstreamness ［J］. 2017b. NBER Woriing Paper No. 23261, NBER, Cambridge, MA.